놀이, 놀이터, 놀이도시

놀이, 놀이터, 놀이도시

놀이와 놀이터가 궁금한
나와 당신에게 던지는 26가지 질문

초판 1쇄 펴낸날 2022년 5월 5일

지은이 김연금

펴낸이 박명권

펴낸곳 도서출판 한숲 **신고일** 2013년 11월 5일 **신고번호** 제2014-000232호

주소 서울특별시 서초구 방배로 143, 2층

전화 02-521-4626 **팩스** 02-521-4627 **전자우편** klam@chol.com

편집 남기준 **디자인** 팽선민

출력·인쇄 금석커뮤니케이션스

ISBN 979-11-87511-35-9 93370

값 14,000원

놀이,
놀이터,
놀이도시

놀이가 놀이터가 궁금한
나와 당신에게 던지는
26가지 질문
김연금 지음

한숲

앞으로도 오랫동안
나의 놀이를 지켜봐주실 부모님께
이 책을 바친다.

"모든 놀이터가 비슷비슷해요." "재미없어요."

'놀이터'라는 주제어가 등장하면 자동반사적으로 나오는 반응이다. 이후에는 자신의 어린 시절 추억, 육아 분투기 등 각자의 경험에서 비롯된 단편적 대안들이 던져진다. 하지만 안타깝게도 이야기는 매번 거기서 끝난다. 현재를 사는 어린이들의 놀이에 대한 성찰도, 어떠한 놀이터와 도시를 만들어야 하는지에 대한 사유도 제자리를 맴돌 뿐이다. 논의가 진전되지 못하는 이유가 여럿이겠지만, 개인의 경험을 넘어설 언어의 부족도 그중 하나일 것이다. 이 책의 기반이 되는 문제의식이다.

박사논문의 주제가 '커뮤니티 디자인'이다 보니 마을의 가장 기본적 공간인 놀이터를 디자인하게 된 건 자연스러운 수순이었다. 그러나 어린이와 어린이 놀이에 대한 관심도 이해도 크지 않았다. 조경설계사무소에서 놀이터 디자인은 신입사원한테 주어지던 일이었다. 조합놀이대와 시소, 그네, 미끄럼틀 3종 세트를 기본으로 몇 가지 기구만 적절히 배치하면 되는 일이었다. 나의 놀이터 디자인에 대한 태도도 딱 그 정도였다.

그러나 2014년과 2015년에 걸쳐 세이브더칠드런, 씨프로그램과 함께 중랑구의 한 놀이터를 리노베이션하면서, 2015년 통합놀이터 개념 정립과 확산을 위해 꾸려진 통합놀이터만들기네트워크 활동을 하면서 자세를 바꾸지 않을 수 없었다. 어린이와 놀이, 놀이터에 진심인 이들과의 작업은 놀이터를 정면으로 만나게 했다. 그리고 놀이와 놀이터에 대해 나의 언어가, 우리의 언어가 얼마나 부족한지 깨달았다. 그 이후 어린이 놀이에 대한 언어를 익히고 놀이터 디자인의 언어를 만들기 위해 현장에서 작은 실험을 거듭했다. 그러나 놀이터만으로는 어린이 생활의 근간인 놀이를 담을 수 없다는 한계를 통감했고, 관심은 스멀스멀 놀이터를 넘어 도시로 확장되었다. 이 책은 그 여정에서 만난 질문과 답에 관한 책이다.

이 책은 총 세 장으로 구성된다. 1장은 놀이, 2장은 놀이터, 3장은 놀이 도시가 주제다. 나도 어린 시절을 보냈고 열심히 놀았기에 놀이를 잘 안다고 여겼었다. 그러나 현장에서 만나는 여러 입장 사이에서 우왕좌왕하는 내 모습을 보면서 어른으로서, 디자이너로서 놀이에 무지함을 절실히 깨달았다. 그런데 막상 공부를 시작하니 놀이를 둘러싼 담론은 무척이나 깊고 넓었다. 이 책의 1장에서는 디자이너로서 이해한 놀이의 의미, 놀이를 위한 조건, 놀이 사이클, 놀이의 종류를 다루었다.

2장의 앞부분은 놀이터의 역사와 다른 나라의 놀이터 이야기이고 뒷부분은 놀이터를 만들면서 만났던 여러 현장들이 무대다. 놀이터가 어떻게 시작되었고 어떤 경로로 지금의 모습에 이르렀는지, 다른 나라의 놀이터는 어떤지 궁금해서 조금씩 자료를 찾고 답사를 시작했다. 역사를 추적하는 작업은 마치 대하소설을 독파하는 것처럼 흥미로웠고 이국에서 만난 놀이터는 익숙하면서도 낯설었다. 독자들과 공유하고 싶었다. 2장의 후반부에는 놀이터 디자인 실무자로서 현장에서 만난 꺼끌꺼끌한 현실의 단면과 내가 갖는 놀이터, 놀이터 디자인에 대한 지금까지의 입장을 담았다.

3장은 바람에 대한 글이다. 어린이들이 놀이터뿐만 아니라 도시 전역에서 놀기를 바라는 마음으로, 그러한 도시를 어떻게 만들 수 있을지를 여러 연구자의 작업과 해외 사례를 재료 삼아 정리했다. 두 가지 연구 '동네놀이환경 진단도구 개발'(2018, C Program 의뢰)과 '아동 놀이 행태를 고려한 도시공간 조성방안 연구'(2020, 한국토지주택공사 발주)를 진행하면서 아동친화도시, 놀기 좋은 도시를 집중적으로 들여다볼 수 있었고 3장의 근간이 된다.

이 책에는 많은 이들에게서 받은 영향이 녹아있다. 도시 곳곳에서 만난 놀이 풍경의 배경이 궁금해 텍스트를 찾았고, 어린이들의 놀이를 보며 텍스트를 제대로 이해할 수 있었다. 놀이, 놀이터, 놀이도시를 보는 시각과 이해의 폭을 넓혀준 어린이들은 이 책의 공저자다. 원고 쓰기를 본격적으로 시작할 즈음 김소영의 『어린이라는 세계』(2020, 사계절)를 다행스럽게 만났고 많은 영향을 받았다. 내가 이 책에서 아동, 아이가 아닌 '어린이'라는 단어를 쓴 것도, 놀이터에서 만난 어린이들에게 가명을 붙여 그들의 놀이를 서술한 것도 그녀의 영향이다. 그리고 무엇보다 어린이에 대한 존중감을 그녀에게서 배웠다. 그리고 일본 동화작가 안노 미쓰마사의 『스스로 생각하는 아이』(2019, 한림출판사)는 어린이의 세계에 임하는 태도를 알려주었다. 놀이터에 나가 어린이들의 놀이를 볼 수 없을 때면 『말괄

량이 삐삐』의 작가 아스트리드 린드그렌Astrid Lindgren의 동화를 보며 놀이의 생생함을 머릿속에서나마 되살렸다. 놀이터 디자인의 역사를 추적하며 만난 조경가 칼 테오도르 소렌센Carl Theodor Sorensen과 매저리 알렌Marjory Allen, 폴 프리드버그Paul Friedberg, 그들의 혁신적 작업은 조경가로서 놀이터를 디자인한다는 것에 대한 사회적 책무를 되돌아보게 해주었다.

지난 10여 년 동안 여러 권의 책을 남기준 편집장과 함께 펴냈다. 다시 한 번 기회를 가질 수 있기를 바라본다. 항상 감사하다. 이 책의 첫 번째 독자가 되어준 조경작업소 울의 동료들에게도 감사한 마음을 전하고 싶다. 특히 2022년의 찬란한 봄을 나와 함께 하고 있는 기아미, 신정우, 김다슬, 심규희, 전성현, 오랫동안 잊지 못할 것이다. "글 쓰고 있어요?"라고 가끔 물으며 집필 일정을 챙겨주었던 조카 가은이와 놀이터 답사의 동반자가 되어주었던 조카 은호에게도 감사의 마음을 전한다. 그리고 앞으로도 오랫동안 나의 놀이를 지켜봐주실 부모님께 이 책을 바친다.

놀이터에 나가 어린이들이 노는 모습을 보면 마음이 즐거워지고 에너지를 얻는다. 지금 여기에 집중하는 어린이들은 과거에 대한 아쉬움과 미래에 대한 불안을 날려준다. 또 그들이 보여주는 다정함은 나도 다정한 사람이 되어보자고 슬며시 각오하게 만든다. 대단한 능력자들이다. 요즘 유행하는 불멍, 물멍 같은 단어를 따라 '놀멍'이라고 붙여본다. 또 어린이들이 노는 소리만큼 기쁨을 주는 음악도 없다. 굳이 놀이터에 나가지 않아도 도시 곳곳에서 어린이들이 노는 모습과 소리를 보고 들을 수 있는 날이 왔으면 좋겠다. 그럼 도시는 5월의 초록처럼 싱그러울 것이다. 이 책이 그러한 날을 앞당기는 데 조금이라도 기여했으면 한다.

이천이십이년 봄날 어느 오후에
김 연 금

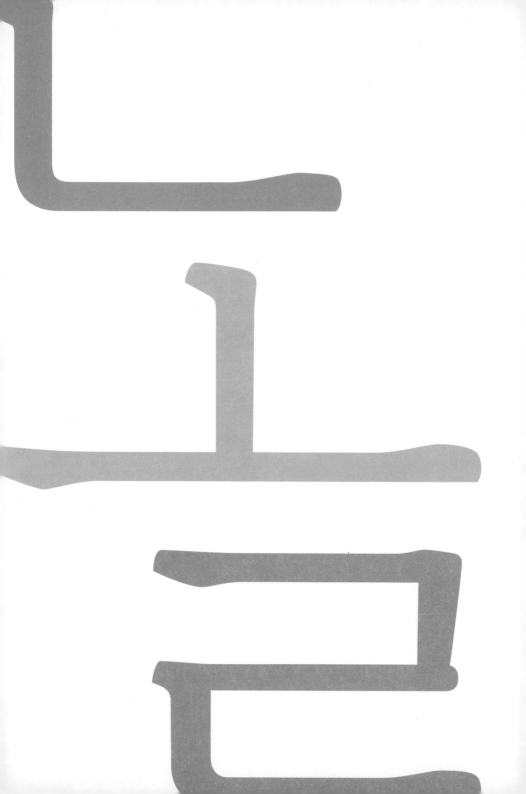

놀이

놀이, 그 자체로
충분한 단어

무목적 활동 / 자발성 / 자연스러운 성장 활동 / 창의력 / 사회성 / 즐거움 / 공동체.

어느 지방정부의 놀이터 정책을 수립하기 위해 공무원, 시민단체와 함께한 워크숍 첫 시간, 몸풀기로 각자가 생각하는 놀이의 정의를 써보았더니 나온 단어들이다. 참여자들과 단어를 하나하나 읽으며 의미를 짚어가던 중 창의력, 사회성, 공동체라는 단어에서 멈추었다. 누군가가 "창의력, 사회성, 공동체는 놀이의 개념이라기보다는 효과이지 않을까?"라는 질문을 던졌기 때문이다.

　놀이라는 단어를 두고 자주 일어나는 혼돈이다. 1989년에 나온 유엔 아동권리협약 31조에서는 어린이는 충분히 쉬고 자신의 나이에 맞는 놀이에 자유롭게 참여할 권리가 있다는 놀이권을 천명하고 있지만, 갈수록 어린이들이 놀기 어려운 세상이 되고 있다. 주된 이유 중 하나가 이성적이고 논리적인 어른들 눈에 어린이들의 놀이는 비이성적이고, 의미 없이 그냥 시간을 보내는 활동으로 보이기 때문이다. 그래서 협박하듯이 어린이는 놀이로 건강해지고 창의성이나 사회성이 증진될 뿐만 아니라 친구들과 어울리면서 공동체 의식도 높아진다며, 효과를 내세워 놀이의 중요성을 주장하는 경우가 많다. 그러다 보니 놀이의 정의와 효과가 섞인다.

물론 이런 효과는 연구를 통해 증명되기도 한다. 많이 노는 어린이일수록 다른 지적 활동이나 모방 활동을 한 어린이보다 창의성이 높음을 밝힌 연구[1]도 있다. 놀이가 감정 조절에 도움이 된다는 결과도 있다.[2] 어릴 때 충분히 놀았다고 생각하는 청소년일수록 '지금 행복하다'고 여긴다는 조사 결과[3]도 있다.

하지만 거창한 연구 결과를 내세우지 않더라도 어린이들이 노는 모습을 조금만 관찰해보면 어린이들은 놀이를 통해 성장한다는 것을 확인할 수 있다. 놀이 시간에 어린이집 놀이터를 무한정 뛰어다니거나 반복적으로 계단을 오르며 미끄럼을 타는 어린이들을 보면 유산소 운동을 제대로 한다 싶다. 또 모래밭에서 모래로 집을 만들고 주변에서 찾은 나뭇잎이나 돌로 장식을 하는 어린이들을 보면 미술 수업이 따로 없다. 돌로 긁어 느티나무 나무껍질의 분홍색 줄무늬를 모두 없애겠다며 나무에 매달려 있는 어린이를 보면서는 어떤 상상과 논리가 그 행동에 숨겨져 있는지

1   Debra J. Pepler and Hildy S. Ross(1981), The Effects of Play on Convergent and Divergent Problem Solving, *Child Development 52(4)*, pp.1202-1210.
2   Bundy, A.(1997), Play and playfulness: What to look for. In: L. D. Parham & L. S. Fazio (Eds), *Play in occupational therapy for children*, pp.52-66.
3   유니세프 한국위원회와 한국아동권리학회, 「한국 아동의 놀이권리 증진 방안 연구」, 2014.

궁금하지 않을 수 없다. 자신의 욕망과 타인의 욕망을 맞추기 위해 수시로 규칙을 수정하면서 조합놀이대에서 지옥탈출 놀이를 하는 어린이들을 볼 때면 협상력에 깜짝 놀라기도 한다.

효과가 있다고 하니 어른들은 더 높은 효과를 위해 '놀이'라는 단어 뒤에 많은 단어를 붙여 합성어를 만든다. 놀이 교육, 놀이 프로그램, 놀이 과정 등. 어린이들이 잘 놀 수 있도록 교육하고, 프로그램을 기획하고 과정을 디자인하겠다는 말이다. 또 다르게는 놀이가 갖는 특성을 활용하겠다는 의도를 품은 조합어도 많다. '수학 놀이', '영어 놀이', '놀이로 배우는 논리' 같이 기존의 학습 과목에 '놀이'라는 단어를 붙인다. 어려운 개념을 쉽게 전달하고 수업을 딱딱하지 않고 즐겁게 진행하겠다는 의도다. 좀 더 솔직하게 말하면 어린이들을 학습이라는 우리 안으로 끌어들이려는 유인책인 게다.

그러나 안타깝게도 놀이에 수식어가 붙거나 수식어가 되면 놀이가 되지 못한다. 페리 엘스Perry Else라는 영국의 놀이 연구가는 『The Value of Play』라는 책에서 여러 연구자의 의견을 종합해 놀이의 개념을 다음과 같이 정리했다.[4]

· 놀이는 그 자체에 목적이 있다. 즉 어떤 목적이나 보상을 전제로 하지 않는다.
· 놀이의 내용은 노는 어린이가 자유롭게 선택해야 한다.
· 어린이 스스로 놀이 방식을 결정해야 한다.
· 놀이는 과정이다. 무엇과 노는가가 아니라 노는 방식이 중요하다.

가이드라인이 없어도, 누가 가르쳐주지 않아도 어린이는 어떻게 놀아야 재미있는지, 어떤 놀이가 자신한테 맞는지 안다. 어린이집 놀이 시간에 먼저 놀이터 주변을 뛰고 다음에 미끄럼틀을 타라고 지시한다면 어린이들은 자신들이 뭘 하고 싶은지 생각하지 않게 된다. 숲속 모래밭에서 모래로 집을 만들고 있는 어린이에게 모래집을 장식할 소재를 나누어준다면, 어린이들은 주변 자연을 살피지 않을 것이다. 지옥탈출을 즐기다 생긴 분란을 어른이 해결해준다면 어린이들은 협상을 연습할 기회를 잃게 된다.

놀이는 또 항상 즐겁지 않다. 느티나무의 분홍색 줄무늬를 모두 없애겠다는 규희의 표정은 결연하고, 모래놀이에 집중하고 있는 서린이의 표정은 사뭇 진지하다. 높은 계단과 정글짐을 한 칸 한 칸 오르는 다슬이는 누구보다도 긴장하고 있다. 또 지탈(지옥탈출)은 치열하고 경쟁적이어야 제맛이다 보니 하면서 화가 날 수도 있고 자신보다 날쌘 친구를 보면 시기심이 날 수도 있다. 모든 친구가 정글짐을 꼭대기까지 오를 때 겁이 많아 아랫단에서 멈춰야 하는 은영이는 소외감을 느낄 수 있다. 어린이도 놀이가 '수학 놀이'와 '영어 놀이'처럼 시련도 안겨준다는 걸 알지만 계속 논다. 자신들이 선택하기 때문이다.

놀이 앞뒤에 무언가를 붙이는 것은 놀아야 하는 어린이를 하나의 독립된 존재로 보지 않는 이유가 크다. 일본의 동화작가 안노 미쓰마사[5]는 우리의 30대가 60대를 위한 시기가 아니듯이 어린 시절도 어른이 되기

---

4 Else, Perry(2009), *The Value of Play*, London: Bloomsbury Academic.
5 安野光雅(2018), かんがえる子ども. 황진희 역, 『스스로 생각하는 아이』, 한림출판사, 2019.

전의 시기가 아니라 하나의 세계라고 말한다. 어린이의 세계에서 놀이는 생활 그 자체다. 그리고 놀이라는 단어도 그 자체로 충분한 단어다. 무엇을 수식하거나 수식받을 이유가 없는 단어다.

조급해하지 말고 어린이를, 어린이의 놀이를 믿어보자. 어린이 스스로 자신의 본능과 생각, 흥미에 따라 놀이의 내용과 방식을 선택할 때 어른들이 좋아하는 그 효과도 시나브로 높아질 것이다.

어린이들은 놀면서 자란다.
그곳이 어디든, 상황이 어떻든 어린이들은 논다. 그리고 자란다.

놀이를 위한
단 세 가지의 조건

어린이가 놀기 위해서는 단 세 가지 조건만 충족되면 된다. 시간, 공간, 친구다. 아주 간단한 세 가지이지만 중요한 전제가 있다. '자발성'이다. 타인이 지정해주는 장소와 시간, 친구가 아니라 스스로 정할 수 있어야 한다. 각자의 어린 시절을 생각해보면 쉽게 이해할 수 있다. 남는 시간이 아니라 놀고 싶을 때 놀 수 있어야 한다. 공간은 꼭 놀이시설물로 채워진 놀이터일 필요는 없지만 모든 어린이가 자유롭게 드나들 수 있고 행동할 수 있는 곳이어야 한다.[6] 그러기 위해서는 돈을 내지 않아야 하고 장애 어린이들을 포함해 특정한 필요와 요구가 있는 어린이도 환대받는 공간이어야 한다. 또 놀이에는 친구가 필요하다. 물론 혼자서도 놀 수 있지만, 항상 친구 없이 놀 수는 없다.

---

6 2009년 영국 Play England에서 발간한 보고서 'Play indicators evaluation report'에서는 세 가지 'free'를 말한다. 무료로 이용(free of charge)할 수 있어야 하고, 어린이들이 자유롭게 드나들 수 있는 곳(where children are free to come and go)이어야 한다. 또 어린이들이 자유롭게 행동을 할 수 있는 곳(where children are free to choose what they do whilst there)이어야 한다.

간단한 조건이지만 안타깝게도 현재를 사는 어린이에게는 너무나 부족하다. 2019년과 2020년, 2년에 걸쳐 분당, 일산, 동탄, 위례 등 수도권 도시에 거주하는 768명의 초등학생을 대상으로 평일과 주말의 놀이 시간을 물었다.[7] 평일에는 거의 못 논다고 하는 어린이의 비율이 33%나 되었고 나머지 어린이들은 2시간 미만으로 놀고 있었다. 2시간 이상 논다는 어린이는 한 명도 없었다. 주말에는 놀이 시간이 다소 길어져 2시간 이상이 26%가 되었으나 주말임에도 거의 놀지 않는다는 어린이가 22%나 되었다. 나머지는 모두 2시간 미만으로 놀고 있었다. 친구도 마찬가지다. 2013년에 보건복지부에서 낸 아동종합실태조사에 따르면 아동의 절반은 방과 후 활동으로 '친구들과 놀기'를 희망하지만, 실제 친구들과 노는 어린이는 9%에 불과하다. 어린이들이 학원을 가는 이유가 친구를 만나기 위해서라는 말이 어느 순간부터 이상하게 들리지 않는다.

공간도 별반 다르지 않다. 어린이들은 길을 걸으며 낙엽이건, 벌레건, 쓰레기건 무언가에 집중하고 반응한다. 이 자체가 놀이다. 그러나 길은 안전하지 않고 놀만한 땅은 눈곱만큼도 찾을 수 없어 어린이들은 법적으로 놀이가 허용되는 놀이터에서만 놀아야 한다. 그렇다고 놀이터가 많은 것도 아니다. 서울의 중심인 만큼 종로구 서촌에는 온갖 것들이 있지만 놀이터는 없어 엄마들은 여기저기 민원도 넣으며 여러 방안을 찾고 있지만 쉽지 않다. 사직공원 안에 있던 놀이터마저 문화재청의 사직단 복원·정비 사업으로 사라지게 되었다. 자연발생적으로 만들어진 지역인 부

---

7   LH(한국토지주택공사)가 발주한 '아동 놀이 행태를 고려한 도시공간 조성방안 연구(2020)' 수행 과정 중에 이루어졌다.

골목길을 놀이터로 만드는 과정 중에 가졌던 워크숍.
공간과 시간을 확보하고 어린이들을 모이게 했더니 놀이는 끝을 모르고 이어지고 이어졌다.

산 동구에도 놀이터가 없어 초록우산어린이재단 부산종합사회복지관은 2020년부터 차가 진입하지 못하는 골목길을 찾아 놀이터로 만드는 사업을 진행하고 있다.

  그래도 그나마 이 세 가지 중에 가장 쉽게 충족시켜줄 수 있는 게 공간이다. 시간은 눈에 보이지 않아 어느 정도 내주어야 하는지 막연하지만, 공간을 내주는 건 눈에 보인다. 친구는 만들어 줄 수 없지만, 친구 없이 놀 수 있는 놀이터는 만들어 줄 수 있다. 친구도 없고 시간도 없는 어린이들은 학교에서 학원으로 가는 길에 잠깐, 학원과 학원 사이에 잠깐 놀이터에 들려 미끄럼 한 번 타고 그네를 몇 번 흔들고는 아쉬움을 뒤로

한 채 다음 목적지로 향한다. 갈수록 놀이시설물로 화려해지는 놀이터는 아이러니하게도 부족한 두 가지의 반영이다.

어른들과 놀이터를 논하는 자리에서 자주 듣는 주장 중 하나가 “시설물을 놓지 말고 공간을 비워두세요”다. 이유는 “어린이들은 아무것도 없는 골목길이나 공터에서도 잘 놉니다”다. 주장을 뒷받침하는 근거는 자신들의 경험이다. “우리 어릴 때는 골목길에 뭐가 있었겠어요? 미끄럼틀도, 그네도, 아무것도 없었지만 신나게 놀았습니다.” 때에 따라서 추억의 공간은 산이나 들판이 된다. “산(혹은 들판)에 아무것도 없었지만, 시간 가는 줄 모르고 놀았습니다.”

동네에서 흔히 볼 수 있는 놀이터.
시설물로 꽉 찬 놀이터는 친구 없이 놀이시설물과, 그리고 짧게 놀아야 하는 현실의 반영이다.

무엇도 놓지 말고 놀이터를 그냥 비워두라는 디자인 무용론은 놀이터 디자이너로서는 다소 서운하다. 하지만 겉만 화려한 놀이터에 대한 우려는 백번 공감한다. 또 나의 경험도 그들과 다르지 않기 때문에 반박하기 어렵다. 내가 태어나고 자란 금호동, 옥수동 골목길에도 정말 아무것도 없었다. 지금은 아파트 단지로 가득 차고, 아파트 단지 안에는 알록달록한 놀이터가 많지만, 당시 옥수동과 금호동은 산동네였고 놀이터는 물론 없었다. 그래도 하루하루는 놀이로 채워졌고 흥미진진했다.

그러나 아무것도 없어도 즐거웠던 건 놀이시설물로 가득 찬 놀이터는 없지만, 시간, 공간, 친구는 많았기 때문이다. 동네 자체가 놀이터였고, 언제라도 부르면 달려 나오는 친구가 있었다. 입으로 내내 '심심해! 심심해!'를 중얼거릴 만큼 시간은 남아돌아 온갖 꿍꿍이짓을 할 수 있었고 상상력은 끝없이 확장되었다. 또 시간의 더께 속에서 놀이는 깊어졌다. 공기놀이는 수천 가지 방식으로 응용되었고, 서커스 하듯 고난도의 고무줄놀이를 할 수 있을 만큼 기술은 늘었다. 매일 매일 공기놀이와 고무줄놀이를 해도 즐거웠던 이유다. 친구들과의 소꿉놀이는 회를 거듭하면서 단막극에서 주말극이 되었다가 일일 드라마가 되었다. 이야기는 강화되었고 역할은 분명해졌다. 당연히 혼자하는 인형 놀이도 시간 속에서 넓어지고 깊어졌다. 오늘의 인형 놀이는 어제의 놀이를 디딤돌 삼아 발전하기 때문이다. 아! 그리고, 그리고.

몽실몽실 떠오르는 추억은 달콤하지만, 그 끝은 쌉쌀하다. 과연 지금의 어린이들은 어떻게 어린 시절을 기억할까? 어린이들과 놀이터 디자인 워크숍을 하기 전에 아이스 브레이킹의 하나로 바깥놀이 빙고 게임을 할 때가 있다. 어린이들은 가로로 다섯 줄, 세로로 다섯 줄로 이루어진 25개 칸을 바깥놀이로 채우는 걸 무척이나 힘들어한다. 마치 시험을 보듯 끙끙거리는 어린이한테는 조그만 소리로 '공기놀이, 사방치기....'라고 힌트를 주기도 하지만 정직한 그들은 알기는 하지만 해보지 않아 쓸 수 없다고 한다. 지금의 40~50대는 25개 칸이 부족한데 말이다.

놀이터 없이도 놀았던 세대가 떠올려야 할 기억은 아무것도 없어도 놀았던 어린 시절이 아니라 친구와 시간이 많았고 어느 곳에서나 놀 수 있었던 어린 시절이다. 놀이시설 없어도 잘 놀 수 있다고 주장할 것이 아니라 놀이시설이 있어야만 그래도 놀 수 있는 빈약한 어린이들의 놀이 환경을 들여다보고 할 일을 찾아야 한다. 추억은 추억으로만.

꼬리에 꼬리를 무는
놀이 방해꾼들

놀이를 위한 조건이 있다면 당연히 방해하는 요소도 있다. 많은 이들이 가장 먼저 공부에 대한 압박을 떠올릴 거다. 다음으로는 무엇이 있을까? 호주에서 나온 한 보고서[8]는 여러 요인을 사회적 측면, 정책적 측면, 물리적 환경, 세 가지 항목으로 구분하여 일목요연하게 정리하고 있다. 사회적 측면은 가족 내 자녀 수 감소, 스마트폰이나 텔레비전 등 스크린을 이용하는 오락 증가, 어린이들의 위험에 대한 우려 증가, 학업에 대한 부담 증가, 일하는 엄마들의 증가로 인한 어린이들의 스케줄 변화 등을 말한다. 어린이들을 놀게 하면 태만한 부모로 여겨질 수 있다는 우려도 또 다른 이유다. 정책적 측면은 '안전'을 중심에 두는 정책 방향, 정부의 감독 아래에 들어오지 않는 놀이를 금지하는 여러 요소, 어린이에게 친화적이지 못한 정책 등이다. 물리적 환경으로는 자동차 중심의 도시계획,

---

8 Australian Institute of Architects(2018), *Where do the Children Play? Designing Child- Friendly Compact Cities*.

어린이들이 스스로 돌아다니기에는 한계가 있는 교통 체계, 자연적 생태 공간 및 녹지 공간의 부족, 어린이들이 놀이로 채웠던 자투리 공간이 주차 공간으로 활용되는 현황, 잘 관리되지 못하는 공원과 광장, 어린이들에 대한 자연 감시가 가능하지 않은 주택 유형 및 배치 등이다.

정도와 세세한 내용에서는 차이가 있겠지만 큰 맥락에서는 우리나라 상황도 그리 다르지 않다. 특히 학업에 대한 부담 가중과 사교육으로 인한 학습 시간의 증가는 우리나라가 더욱 심각할 것이다. 자동차 중심의 도시계획과 도시 관리로 놀이 공간이 줄어드는 문제는 우리나라에서도 상당히 심각하다. 어린이들에게는 놀이, 어른들에게는 여가 공간이었던 골목길이 주차장으로 사용되고 있는 것은 물론이고 어린이공원 아래에 주차장을 설치하는 경우도 생겨나고 있다. 초등학교에서도 어린이 놀이터는 초라하게 한쪽에 만들어지지만, 주차장은 크고 번듯하게 만들어진 경우가 많다.

여기에 더해 다른 나라에서는 잘 보이지 않는 우리나라만의 방해 요소도 있다. 그중의 하나가 세대 간의 공간 싸움이다. 우리가 흔히 보는 동네의 공공놀이터는 법적으로는 도시공원 중의 하나인 어린이공원이다. 어린이공원은 어린이를 위한 공간이지만 동네에 있는 유일한 공원이라 모든 연령자의 활동을 수용해야 할 때가 많다. 주민들은 어린이공원에서 산책도 하고 가벼운 운동도 한다. 그러다 보니 지압보도나 체육시설도 필요하다. 어떤 어린이공원에는 경로당도 있다. 어린이들의 놀이와 어른들의 생활이 행복하게 공존하는 사례도 있지만 그렇지 않은 경우도 많다. 경로당 어르신들이 어린이들의 놀이를 시끄럽게 여기는 경우도 있고, 노인들의 존재로 양육자들이 놀이터를 찾기 꺼리는 경우도 있다.

어린이들의 놀이를 소음으로 여기는 이들은 노인정의 노인뿐만은 아니다. 많은 곳에 있다. 놀이터뿐만 아니라 동네의 곳곳이 어린이들의 놀곳이 되어야 한다고 주장할 때면, 매번 "주변 주민들이 시끄럽다고 하지 않을까요?"라는 질문을 받는다. 실제 어느 동네에서는 어린이들이 노는 소리가 시끄럽다고 경찰서에 신고가 들어간 적도 있고, 7시 이후에는 놀지 말라는 현수막이 걸린 놀이터도 있다. 어느 놀이터에서는 어린이들이 바구니 그네를 함께 타면서 시끄럽게 소리를 지른다고 바구니 그네 자체를 없애버렸다. 몇 년 전에는 주민들에게 새롭게 디자인한 놀이터 모습을 보여주고 의견을 듣는 자리에서 엄청난 항의를 받기도 했다. 놀이터가 조성될 주택 옆 주민들은 시끄러워질 것이라고 반대했고, 다른 주민들은 어린이들도 없는데 왜 큰 예산 들여 놀이터를 짓냐고 항의했다. 합의점을 못 찾고 결국 그 자리는 고성과 싸움으로 끝났다.

어린이들의 놀이가 동네의 골칫거리가 되는 건 놀이에 대한 사회적 허용성이 무척이나 낮기 때문이다. 이 각박한 상황은 네덜란드 암스테르담에서 만난 오후의 풍경을 떠올리게 한다. 동그랗게 건물로 둘러싸인 주택 단지 내부의 광장에서 네댓 명의 어린이들은 바닥 전체를 캔버스 삼아 그림을 그리고 있었고 동그란 마당은 어린이들의 소리로 꽉 차 있었다. 한 어린이는 우리를 발견하고는 네덜란드 국기를 바닥에 수줍게 그리며 환영의 뜻을 전해주기도 했다. 그 어린이의 할머니는 창밖으로 고개를 내밀고 손녀와 끊임없이 큰 소리로 이야기를 나누었고, 우리에게도 목청껏 잘 가라는 인사를 했다. 우리가 떠난 후 할머니는 저녁밥 먹으라고 손녀를 부르지 않았을까? 그곳 이외 암스테르담 도시 곳곳에서 어린이들의 낙서와 논 흔적을 볼 수 있었다. 그곳이 놀이터건 아니건 바닥 어느 곳에서건 그림을 그리며 놀아도 된다는 허용성이 있어 가능한 일이다.

어린이가 놀기 위한 조건은 단 세 가지로 아주 간단한데, 막는 요소는 다양하고 많다. 그리고 각각의 요소들은 별개로 나열되지만, 서로서로 연결되어 있다. 빠른 이동을 위한 차량 중심의 도시계획으로 어린이한테 위험한 도시 환경이 되다 보니 양육자들은 어린이만 밖으로 내보내기 꺼리게 되고 도시에서 어린이가 안 보이니 도시 정책은 더 어린이를 고려하지 않게 된다. 또 학습 중심의 교육으로 어린이들을 놀게 하는 양육자는 태만하게 여겨지니 어린이를 더 학습에 묶어두려 한다. 더 나아가 어린이

네덜란드 암스테르담의 한 주거지 내 광장.
놀이터건 아니건 어린이들은 철퍼덕 바닥에 앉아 웃고 떠들며 그림을 그리며 논다.

들에게 친화적이지 못한 상황은 출산율에도 영향을 미친다. 어린이 인구 비율이 자꾸 작아지니 어린이공원의 이름을 바꾸어야 한다는 주장도 나타난다. 상황은 더 안 좋아진다. 원인은 꼬리에 꼬리를 물고 이어지면서 다른 원인을 낳는다.

방해꾼들을 없애기 위해서 무엇부터 해야 할까? 나부터 생각해 본다. 물리적 환경을 다루는 사람으로서 어린이들이 '밖'으로 나올 수 있도록 아동친화도시를 만드는 데 조금이나마 이바지해야 할 것이다. 놀이터를 잘 만들고, 또 주민들이나 행정을 만나면 어린이들은 길에서도 놀아야 한다고 주장해야 한다. 어린이들이 놀면 시끄럽다고 불평하는 이들에게는 어린이들이 놀이하며 내는 소리를 소음이라고 여기는 사회가 바람직한지 물으며 설득하는 것도 내가 해야 일이다. 또 무엇을 할 수 있을까? 꼬리에 꼬리를 무는 방해 요소를 나열할 것이 아니라 우리가 해야 할 일을 나열해 나가야 할 것이다.

스스로 구르는
놀이 사이클

어린이들이 어떻게 놀이를 시작하고 이어가는지를 보여주는 '콜로라도 페이퍼The Colorado Paper'를 발견하고는 환호했다. 놀이터를 디자인하는 사람으로서 항상 어린이들의 놀이가 궁금하다. 놀이는 어떻게 시작되는지? 어떤 경위로 다른 놀이로 넘어가는지? 이 정도의 길이와 경사도의 미끄럼틀은 과연 재미있을지? 이 놀이터에서는 왜 그네가 인기 없는지? 등등 끝도 없다. 그런데 어린이들의 놀이 사이클을 보여주는 글이라니, 놀이터 디자인의 달인이 되는 비책을 발견한 거 같았다.

콜로라도 페이퍼의 원래 제목은 'The playground as therapeutic space: playwork as healing'이다. 1998년 영국의 놀이터 연구가인 고든 스터록Gordon Sturrock(1948~2019)과 페리 엘스Perry Else(1959~2014)가 미국의 콜로라도에서 열린 세계놀이협회IPA: International Play Association 국제심포지엄에서 발표했던 글이다. 이 글의 목적은 어른들이 어떻게 어린이들의 놀이에 개입해야 하는지를 보여주기 위한 것이다. 놀이 사이클에 대한 이해가 없으면 개입을 이야기할 수 없으니 놀이 사이클을 먼저 다루고 있다. 이후 이글은 '콜로라도 페이퍼'로 불리며 영국에서는 놀이활동 playwork 분야의 교과서처럼 읽히고 있다. 놀이활동은 놀이는 어린이들의 자율적 행위라는 전제하에 놀이를 촉진하는 활동이다. 이를 실행하는 사람을 놀이활동가playworker라 한다. 뒤에서 자세히 다룰 1940년대 정크놀이터junk playground와 함께 시작되었다.

저자 중 한 명인 고든 스터록의 정신분석학 석사 논문을 발전시킨 글이라고 한다. 그래서 그런지 정신분석학의 문외한인 나에게는 매우 어렵다. 너무나 일상적인 어린이들의 놀이 과정을 언어로 포착해 서술하고 있어 무척 흥미롭지만 여러 개념어와 계산식, 그래프까지 등장해 이해하기 쉽지 않다. 읽고 또 읽고 여러 보조자료도 참고하며 읽었다. 그런데 다행히도 나한테만 어려운 것은 아닌 듯하다. 놀이활동가들의 콜로라도 페이퍼에 대한 이해가 원저자의 의도와 다르고 놀이활동가 사이에서도 내용 해석에 대한 의견이 분분하다는 연구도 있다.[9]

놀이 사이클은 놀이하고 싶은 욕구인 '놀이 추동play drive',[10] 놀이하고 싶은 어린이가 세상에 보내는 '놀이 발신play cue', 사물이나 사람이 보이는 놀이 발신에 대한 반응인 '놀이 회신play return', 발신과 회신이 진행되는 과정인 '놀이 흐름play flow', 놀이가 이루어지는 공간인 '놀이 틀play frame', 놀이의 끝인 '놀이 종료play annihilation'로 구성된다. 이 사이클은

---

9 P. King and S. Newstead(2020), Re-defining the Play Cycle: An empirical study of playworkers' understanding of playwork theory, *Journal of Early Childhood Research 18(1)*, pp.99-111.

10 콜로라도 페이퍼에서는 'meta-lude' 단계도 있다. 어린이들의 놀이에 관한 생각이라고 할 수 있다. 이 개념은 어렵기도 하고 놀이 추동(play drive)과 확연하게 구분이 되지 않아 대중적 글에는 빠져 있는 경우가 많다.

어린이들의 자발성으로 굴러간다. 하지만 어른이나 비자발적 이유로 끝날 수도 있다. 이 글에서는 '놀이 훼손play adulteration'으로 지칭했다.

놀고 싶은 마음(놀이 추동)이 가득한 다섯 살 은호는 옆에 있는 친구 가은이에게 잡기놀이를 하자고 눈빛으로 신호를 보낼 수도 있고, 모래밭에서 모래를 만지작거리며 놀이 시작을 알릴 수 있다(놀이 발신). 다행히도 가은이가 은호의 눈빛을 알아채 준다면 혹은 모래를 만졌는데 모래가 촉촉해 흥미롭다면, 즉 발신한 신호에 회신(놀이 회신)이 오게 되면 놀이는 시작될 수 있다(놀이 흐름). 반면 그 회신이 만족스럽지 않다면 놀이는 시작되지 않는다. 친구의 대응이 충분하지 않다면, 모래가 너무 건조하거나 젖어서 놀기에 적당하지 않다면 말이다. 쉽게 말해서 밀당의 과정이다. 다행히도 회신이 만족스럽다면, 밀당이 적정 수준에서 타협된다면, 이 발신과 회신이 지속되면서 놀이 흐름이 만들어진다. 은호는 온 마당을 뛰어다니며 친구와 잡기놀이를 할 것이며, 모래를 쌓고 변형하면서 모래놀이를 할 것이다. 물론 놀이는 확장되거나 변형될 수 있다. 잡기놀이에서 뛰기로 바뀔 수 있고, 모래 쌓기는 넓은 모래길 만들기로 확장될 수 있다.

놀이는 놀이의 틀 안에서 이루어진다. 잡기놀이를 하려면 바닥은 뛰기에 적당해야 하고 공간도 일정 정도 확보되어야 한다. 모래놀이를 위해서는 모래가 있어야 하고 주저앉아서 놀 수 있는 공간도 필요하다. 놀이 틀은 주어진 물리적 환경 그 자체이기도 하지만 어린이들이 상상 속에서 경계 지은 공간일 수도 있다. 그렇게 놀다 뛰는 게 힘들어진다거나, 햇살이 너무 뜨거워 모래놀이가 어려워진다면 은호는 놀이를 종료할 것이다(놀이 종료). 이 놀이 종료는 타인에 의해 놀이가 끝나는 것과는 구분된다. 은호

엄마가 등장해 잡기 놀이는 과격하니 다른 놀이를 하라고 한다거나, 모래길 만들기에 집중하고 있는 은호에게 더 크고 멋지게 만들라고 주문한다면, 즉 어른들이 놀이에 개입하여 유도하거나 강요하려 할 때 어린이들의 놀이 추동은 사라지고 놀이는 훼손될 수 있다(놀이 훼손).

놀이는 어린이들의 자발적 활동이고 이 사이클 또한 어린이들의 자발성에 기초해 굴러가야 한다면, 어른들은 어떻게 이 사이클에 개입해야 할까? 어떻게 개입해야 어린이들의 놀이를 훼손하지 않고 선순환시킬 수 있을까? 이에 대한 답을 콜로라도 페이퍼에서는 네 가지 위계로 제시한다. 놀이 유지play maintenance, 단순 개입simple involvement, 중재적 개입medial intervention, 복합적 개입complex intervention이다.

놀이 유지는 놀이의 틀 밖에서 직접적 개입 없이 관찰하고 검토하는 것이다. 단순 개입은 어린이가 보내는 놀이 신호에 따라 자원을 제공하는 것이다. 모래놀이를 하는 은호한테 작은 막대기를 주면 모래놀이는 더 흥미롭게 진행될 수 있다. 중재적 개입은 어린이가 놀이 신호를 보내면, 놀이에 참여하는 것을 말한다. 어린이들의 놀이에 어른의 존재, 생각, 바람, 지식, 권위 그리고 지위라는 변수가 작동하는 것이다. 복합적 개입에서는 놀이하는 어린이와 어른 사이에 직접적이고 확장적인 공유가 있다. 어른은 놀이에서 역할을 맡거나 놀이하는 어린이의 파트너 역할을 해야 할 수 있다. 여기서 어른은 여전히 놀이를 관찰하는 태도를 보이지만 어린이들과 상호작용을 하게 된다.

어른들이 어떠한 상황일 때 어떤 단계의 개입을 해야 할지, 정해진 답은 없다. 어른들은 각각의 놀이에서 그리고 개별적 놀이 사이클의 단계에서 어떻게 개입해야 할지를 결정해야 한다. 어린이의 자발성을 훼손하지 않는 선에서 눈치껏 개입해야 한다. 고도의 집중력이 필요하다. 이 글을 읽는 어른 중 어린이와 놀아 본 경험이 있는 이라면 아마도 자신들은 어떻게 개입을 했는지, 혹시 놀이를 훼손하지는 않았는지 계속 곱씹어볼 것이다. 네 번째 단계는 너무 어려우니 피하자는 마음이 들 수도 있다.

어렵게 콜로라도 페이퍼의 대략적인 내용은 이해했지만, 좋은 디자인으로 가는 지름길은 보이지 않았다. 오히려 더 흐릿해졌다. 어린이들의 놀이 사이클을 어떻게 공간에 녹여 넣을 수 있을지, 어떻게 디자인해야 사이클이 원활하게 굴러갈지? 새로운 질문만 새록새록 생긴다. 에라 모르겠다, 그냥 하던 대로 하자. 어린이들의 놀이에 어른이 개입하는 건 쉽지 않아서 그런가 보다. 보호자나 놀이활동가로서의 개입이든 디자이너로서의 개입이든지 간에.

새로운 놀이 사이클의 시작을 알리는 가위바위보.
어른들은 한참 뛰어놀던 어린이들이 어떤 경위로 가위바위보에 이르렀는지 알 수 없지만, 어린이들은 서로 새로운 놀이를 시작하기로 합의를 보았다.

놀이의 종류여
무한대로 확산하여라

어른들과 놀이터 디자인 워크숍을 할 때는 '추억의 놀이'라는 주제의 빙고 게임으로 분위기를 부드럽게 만들고 시작한다. 금방 하하 호호 웃음소리가 워크숍 공간을 채운다. 같은 놀이인데 명칭이 동네마다 달라 간혹 실랑이가 있지만, 그 실랑이조차도 즐겁다. 동네에서는 어린이들의 양육자들이 주로 참석하지만, 놀이터 바로 옆에 살거나 자주 이용하시는 분들도 자신들의 의견을 피력하기 위해서 참석하기도 한다. 양육자는 안전을, 주민들은 자신의 이해를 앞세우기 쉬운데 빙고 게임은 어른들이 잠깐이나마 어린이들의 입장이 되도록 도와준다. 워크숍 진행자로서 어른들이 빙고 게임 칸에 적은 놀이를 보는 재미도 쏠쏠하다. 지역에 따라서, 유년 시절을 보낸 시기에 따라 즐겼던 놀이는 다르다.

　공기놀이, 돈가스, 오징어, 안경놀이, 달팽이, 윷놀이, 강강술래, 신발던지기, 말뚝박기, 팔자 놀이, 십자가(두부놀이), 고무줄놀이, 비석 치기, 대문놀이, 개뼈다귀, 망줍기, 망차기, 제기차기, 자치기, 해바라기, 피구, 줄

어른들의 놀이 빙고 게임.
잠시나마 어린이가 되어본다면 어린이의 입장을
더 잘 이해할 수 있지 않을까?

다리기, 림보, 딱지치기, 귀신놀이, 지우개 따먹기, 무궁화꽃이 피었습니다, 소꿉놀이, 공기놀이, 얼음땡, 모래놀이. 2017년 전주에서 만난 초등학교 4, 5학년 엄마들이 추억하는 놀이다. 같은 해이지만, 초등학교 저학년이나 유치원생을 자녀로 둔 성북구 엄마들이 추억한 놀이에는 '윷놀이', '강강술래', '말뚝박기', '망차기', '제기차기', '비석치기' 같은 놀이는 없고, 대신 '원카드', '요요', '아이엠그라운드' 같은 놀이가 있다.

어른들이 추억하는 놀이는 대체로 초등학생 시절에 즐기고 이름이 붙여져 기억하기 쉬운 놀이다. 비록 기억에는 없지만, 위에서 나열한 놀이 외에도 다양한 놀이를 즐겼을 것이다. 이유 없이 뛰면서, 자신의 그림자를 밟으며 즐거웠을 것이고 계단을 쿵쿵쿵 뛰어내리며 리듬을 즐겼을 수도 있다. 우연히 발견한 천 조각을 이리저리 몸에 두르며 혼자만의 패션쇼를 했을 수도 있고, 엄마 화장품으로 자기 얼굴을 도화지 삼아 그림을 그렸을 수도 있다.

빙고 칸에 쓰인 놀이 같이 놀이 하나하나에 이름을 붙이자면 몇 개나 될 수 있을까? 한도 끝도 없을 것이라 많은 연구자는 놀이의 특성에 따라 유형화를 했다. 1996년 영국의 놀이연구자이자 놀이활동가인 밥 휴즈 Bob Hughes는 『A Playworker's Taxonomy of Play Types』라는 책에서 놀이를 15가지로 구분했다. 2002년에는 반복 놀이를 더해서 16가지 유형을 완성했다. 영국에서는 놀이활동가 교육의 기초 자료로 사용되고 있다.

· 창조적 놀이creative play: 다양한 재료와 도구로 무언가를 만드는 놀이
· 탐색 놀이exploratory play: 물건을 만지고 던지고 두드리고 입에 대면서 정보를 탐색하는 놀이
· 판타지 놀이fantasy play: 슈퍼 히어로가 되거나 구름 위에 앉아 있는 것과 같이 일어날 가능성이 적은 일을 어린이의 방식으로 재구성하는 놀이
· 상상 놀이imaginative play: 물리적 세계를 지배하는 기존의 규칙이 적용되지 않는 놀이. 예를 들어, 동물인 척하거나 나무를 가상의 친구로

대하는 놀이

· 거친 신체 놀이rough and tumble play: 접촉하고 간지럽히면서 서로의 힘을 겨루며 노는 놀이. 신체적 유연성과 과시의 즐거움이 있다. 싸움과는 다르다.

· 운동 놀이locomotor play: 추격, 추적, 숨바꼭질, 나무타기 같이 원하는 모든 방향으로 이동하며 노는 놀이

· 격렬한 놀이deep play: 난간에서 자전거를 타거나, 높은 곳에서 뛰어내리는 등 위험한 경험을 하는 놀이

· 조절 놀이mastery play: 환경의 물리적·정동적 요소를 조절하는 놀이. 구멍 파기, 물길 변경하기, 불 피우기 등이 있다.

· 사물 놀이object play: 계속해서 손과 눈을 조작하고 움직이면서 과정을 즐기는 놀이. 예를 들어 천, 붓, 컵과 같은 사물을 관찰하고 다르게 사용하면서 놀 수 있다.

· 반복 놀이recapitulative play: 인류 진화의 역사를 재현하는 놀이로 의식, 불 피우기, 동굴 만들기, 무기 사용하기 등이 있다.

· 역할 놀이role play: 관계가 아닌 존재의 방식을 탐구하는 놀이. 차를 운전하는 척하기, 다림질 흉내 내기, 비행기 조종하기

· 사회적 놀이social play: 사회 참여와 상호작용을 위한 규칙과 기준을 나타내고, 탐색하고, 수정하는 놀이

· 사회-드라마 놀이socio-dramatic play: 엄마와 아빠 돼보기, 마트 가기 같이 개인적·사회적 관계에서 일어날 수 있는 경험을 연기해보는 놀이

· 상징 놀이symbolic play: 나무 조각으로 사람을 상징하거나 끈으로 결

혼반지를 상징하는 등 실제 사물을 표현하기 위해서 기호를 사용하는 놀이

· 소통 놀이communication play: 단어, 뉘앙스 또는 몸짓을 사용하는 놀이

다른 놀이는 직관적으로 알겠는데 반복 놀이recapitulative play는 단어만으로는 와닿지 않는다. 어린 시절을 다루는 인류학의 역사를 알아야 조금이나마 이해가 가능하다. '개체 발생은 계통 발생을 반복한다'는 헤켈 Ernst Haeckel(1834~1919)의 이론에서 보듯이, 19세기 아기가 어른으로 자

놀이의 16가지 유형.
영국에서 놀이활동가들의 기초 교육 자료로 쓰이고 있다.

라는 과정은 인간이라는 종의 진화 과정과 흡사하다는 생각이 나타났고 놀이 속에서 원시인류의 삶을 엿볼 수 있다고 보았다.[11] 놀이 속에서 진화 과정이 반복된다는 것이다. 그래서 반복 놀이다. 그런데 '반복 놀이'라는 명칭을 바꾸어야 한다는 주장도 있다. 의식, 이야기, 리듬, 불, 어둠은 현대 생활의 일부분이기도 하므로 진화의 초기 단계와 관련된다고 보는 것은 위험하다는 관점이다.[12] 하나의 방향으로 진화한다는 헤켈의 이론 자체가 위험하다는 비판도 있다. 놀이는 본능적이나 놀이를 보는 관점과 해석은 문화적이다.

나이별로 어린이들의 놀이 유형은 다르게 나타난다. 놀이터에서 노는 어린이들을 잠깐 관찰해보아도 금방 차이를 알 수 있다. 한 초등학교의 부설 유치원 앞 작은 놀이터에서 나이별로 확연히 다른 놀이 특성을 볼 수 있었다. 유치원 놀이터이지만 1, 2학년 교실과도 가까워서 1, 2학년의 어린이들도 이 놀이터에서 논다. 이 놀이터에는 조합놀이대와 그물과 암벽으로 구성된 오르기 시설, 시소 한 대가 있다. 조합놀이대는 각각 두 개 또는 한 개의 미끄럼틀이 달린 3개의 플랫폼과 이를 잇는 연결다리, 오르기시설로 구성되어 있다. 미끄럼틀 3개는 60cm, 1개는 1m40cm 높이로 전체적으로 높지 않다. 바닥은 모래 포장이다.

6세 반 어린이들은 높고 팔심이 많이 필요한 그물놀이보다는 조합놀이대에서 운동 놀이를, 모래로 창조적 놀이를 즐겼고 낮은 미끄럼틀보다

---

11 Montgomery, H.(2009), *An introduction to childhood*. 정연우 역, 『유년기 인류학』, 연암서가, 2015, p.40.

12 놀이활동가 모건 라이터 색스비(Morgan Leichter-Saxby)의 블로그, 2021년 10월 6일
https://playeverything.wordpress.com/2016/01/19/reconsidering-recapitulative-play/

는 높은 미끄럼틀을 주로 이용했다. 60cm 높이의 미끄럼틀은 6세 어린이들한테도 시시한가 보다. 반면 2학년 어린이들은 그물에 오르며 한 번씩 몸을 풀고는 술래잡기, 얼음땡, 무궁화 꽃이 피었습니다 같이 사회적 놀이를 시작하는 모습을 볼 수 있었다. 이들은 조합놀이대를 이용하기도 했지만 6세 어린이들이 조합놀이대의 시설물 자체의 특성을 이용해 운동 놀이를 하는 것과 달리 술래잡기나 잡기놀이를 더 흥미롭게 하는 요소로 활용했다. 모래놀이는 하지 않았다.

이렇게 수시로 놀이터에 나가 어린이들이 노는 모습을 관찰한다. 놀이터 디자인에 이만한 공부는 없기 때문이다. 관찰하면서 어떤 유형에 속하는지를 분석하고 놀이를 하는 어린이가 몇 살인지도 추측하지만, 답을 찾기 어려운 N차 방정식이다. 어린이들의 놀이는 여러 가지 유형의 복합체이고 놀이 경향, 인지 능력, 성격 특성 같은 개인적 차이와 성별, 인종, 사회경제적 특성, 문화 같은 외부적 요인의 영향을 받기 때문에 아주 엄격하게 나이별 놀이를 일반화하기 어렵다. 진정한 놀이 관찰의 묘미는 N차 방정식이 아니라 다른 데 있다. 생각지도 못한 놀이를 발견하는 것이다. '오! 저렇게도 놀다니' 그러면서 나의 디자인 라이브러리는 두터워진다.

광진구의 한 어린이공원에서 고무 포장의 가장자리에 흩어져 서서 함께 뛰었다 멈췄다를 반복하며 놀고 있는 여중생들을 발견했다. 어떤 놀이인지 궁금했지만, 매우 몰입해서 즐겁게 놀고 있어 기다렸다가 놀이가 잠깐 소강 상태에 들어갔을 때 물어보았다. 허수아비라는 이름의 놀이를 자신들이 변형했다고 한다. 술래는 경계를 벗어날 수 없고 술래가 아닌 사람은 경계를 벗어날 수 있지만 세 걸음 안에 다시 경계로 돌아와야 한다고 한다. 원래 이름이 허수아비인 것은 술래의 활동이 일정 영역에 한정되어서인 듯했다. 운동 놀이의 일종인 잡기놀이에 복잡한 규칙이 더해졌기 때문에 사회적 놀이이기도 하고 친구를 잡아 끌어내는 과격한 모습은 거친 신체 놀이이기도 하다.

여하튼 다음에 놀이터를 디자인할 때는, 가장자리 자체를 흥미롭게 해야겠다. 새로운 놀이를 발견했고 아이디어를 얻었고, 운수 좋은 날이다.

MBTI로 보는 놀이,
놀이로 보는 MBTI

MBTI가 유행이다. 밀레니얼 세대에게는 어떤 유형에 속하는지가 명함이라고 한다. 이 유행에 힘입어서인지 SNS에서는 몇 개의 성향을 묻고는 자신이 어떤 사람인지를 알려주는 검사가 많다. 놀이터를 디자인하며 자신의 경험에 기대 '어린이들은 이렇게 놀아요'하고 단언하는 어른들을 보면 기질과 성격에 따라 어린이들의 놀이도 달라진다고 말하고 싶다. 그런 차원에서 SNS에서 보았던 질문을 흉내 내 놀이 기질의 다양성을 알아보는 질문을 몇 개 만들어보았다.

(질문) 당신은 어렸을 때, 정글짐에서 어떻게 놀았는가?

　　① 혼자 정글짐 끝까지 올라가 앉아서 세상을 내려다보는 게 좋았다.

　　② 정글짐에서 술래잡기하며 놀았다.

　　③ 위험해서 정글짐 세 단 이상은 올라가지 않았다.

　　④ 친구들과 함께 정글짐에 올라가서 수다를 떨었다.

질문과 대답도 내 마음대로 만들었으니 해석도 내 마음대로 해보겠다. 1번을 선택한 사람은 자유로움을 추구하는 사람이라 할 수 있다. 만약 당신이 2번을 선택했다면, 운동신경이 뛰어날 뿐만 아니라 대담한 사람이라 하겠다. 3번은 조심성이 높고 자기 몸에 자신이 없는 사람이 선택할 것이다. 또 4번을 선택했다면 타인과의 정서적 교류를 중요시하는 사람일 수 있다. 나는 3번이었다. 운동신경이 없는 나는 초등학생 시절 내내 정글짐이 왜 운동장에 버티고 있는지 알 수 없었다. 가끔 친구를 따라 어쩔 수 없이 오르긴 했지만 나 자신을 신뢰할 수 없어 몇 칸 오르다 말았다. 놀이터 디자인을 하면서 정글짐을 좋아하는 어린이들이 많은 걸 보고는 깜짝 놀랐다.

놀이 그룹에서의 역할로도 질문을 만들어볼 수 있다.
　① 적극적으로 놀이를 제시한다.
　② 먼저 놀이를 제시하기보다는 원만한 놀이가 되도록 협력한다.
　③ 나한테 맞는 놀이가 아니면 따로 논다.
　④ 여럿이 함께 노는 걸 싫어한다.

다른 검사도 한 번 해보자. 오늘은 웬일인지 놀이터에 익숙한 친구들은 보이지 않고 낯선 어린이들만 있었다. 당신이라면 어떻게 할 것인가?
　① 바로 달려가서 슬며시 낀다.
　② 주변을 맴돌며 기회를 엿본다.
　③ 구경꾼이 되어 어떻게 노는지를 관찰한다.

④ 아는 친구가 없으니 다른 놀이터로 간다.

나는 딱 4번이었다. 하지만 혹시 누군가 불러 같이 놀자거나 혹은 짝이 모자라니 인원수를 채워달라고 요청하면 굳이 거절하지는 않았다. 그러니까 2번의 기질도 가지고 있는 셈이다. 2번 유형의 어린이들을 보면 어릴 때의 내가 연상되어서 그런지 놀이 집단에 넣어주고 싶다. 혼자 서성이던 어린이가 어느 순간 놀이 집단에 들어가 놀고 있는 모습을 보면 기쁘기까지 하다. 놀이터를 디자인하는 사람으로서 2번 유형을 위해서 할 수 있는 일은, 이들이 다른 친구들의 놀이를 탐색할 수 있도록 공간을 만들어주는 것이다. 놀이터 가장자리에 작은 언덕이나 오르기 기구가 있다면 이들은 '자연스럽게' 언덕이나 기구를 오르내리며 곁눈질로 친구들의 놀이를 티 나지 않게 관찰할 수 있을 것이다.

요즘은 형제자매가 없는 어린이들이 많다 보니 양육자하고만 놀이터에 나오는 경우가 흔하다. 사회성이 좋은 어린이들은 양육자와 놀다가도 옆에서 무리를 이루어 노는 어린이들 사이에 슬쩍 낀다. 이 유형의 어린이들은 어떻게 처음 만난 친구들과 섞일 수 있는지 잘 안다. 일단 무리를 이루는 어린이들의 행동을 옆에서 따라 한다. 미끄럼을 타면 뒤에서 따라 타고 달리면 옆에서 함께 달린다. 그러면서 자연스럽게 일원이 된다. 함께 하는 시간이 늘어나면 은근히 새로운 놀이를 제시하기도 한다. 내가 자주 가는 놀이터의 다섯 살 민영이는 무리를 지어 놀이터를 방문한 누나들을 따라 달리기를 하고 콩콩 뛰기도 하다가, 틈틈이 길가에서 주운 돌을 굴리며 누나들이 호응해주길 기다렸다.

어린이들의 기질과 성격에 따라 놀이 방식도 다를 것이라는 가설을 조사를 통해 증명한 이들도 있다.[13] PXD라는 디자인 회사는 2015년 어린이들을 관찰하며 무리를 짓는 방식과 놀이터 방문 행태에 따라 성향을 구분했다. 조사팀은 신뢰도를 높이기 위해 6개월간 100시간 이상 여러 곳의 놀이터를 돌아다니며 관찰하고 보조적으로 학부모와 어린이들을 한 시간 반 넘게 10회 이상 인터뷰했다. 이들은 무리를 짓는 방식에 따라 어린이들을 패밀리형과 파티형으로 구분했다. 패밀리형은 우르르 몰려다니는 그룹으로 학원가는 시간이나 학급이 같은 경우가 많다. 항상 같이 다니니 그룹 내 관계는 긴밀하다. 또 다른 유형인 '파티형'은 혼자 놀이터에 나왔다가 즉석에서 그룹을 형성하거나, 몇 번 만나지 않아 어색한 관계 속에서 알음알음 모인 그룹이다. 패밀리형과 달리 파티형은 관계가 느슨해 놀이 과정에서 문제가 발생하기도 하고 놀이 지속 시간도 길지 않다. 또 방문 행태에 따라서는 방문객형과 지킴이형으로 구분했다. 방문객형은 학원 가기 전에, 학교-학원-집을 오가면서 생각날 때마다 잠깐씩 놀이터에 들른다. 놀이터 체류 시간이 비교적 짧다. 지킴이형은 집에 가방을 놓자마자 바로 놀이터로 나와서 웬만하면 대부분의 시간을 놀이터에서 보낸다. 방문객형과 지킴이형은 당연히 노는 방식도 다르다. 방문객형은 놀이시설물을 하나씩 이용해 보고 돌아가기 쉽고 지킴이형은 처음에는 놀이시설물에서 놀이를 시작하더라도 규칙이 있는 놀이도 하고 멍하니 놀이터를 구경하기도 한다. 나는 패밀리형이었고, 방문객형이었다.

---

13 C Program과 PXD가 공동 투자해 2014년 2월부터 7월까지 약 6개월간 진행했다. PXD 웹사이트, 2021년 10월 6일, https://story.pxd.co.kr/1127

긴밀한 관계를 맺는 친구들하고만 놀았고 의무로 주어진 일 사이에서 잠깐씩 놀았다. 당신은 어떤가?

SNS에서 이루어지는 성격 검사가 얼마나 정확한지는 알 수 없지만 내가 선택한 답을 선택하지 않는 사람도 있다는 걸 확인하는 건 흥미롭다. 세상 사람들은 이렇게 나와 다르고 다양하군! 내 맘대로 던진 질문도, PXD의 연구도 어린이는 각자의 고유성을 가진 단독자라는 것을 이해하는 첫걸음일 뿐이다. "어린이들은 이렇게 놀아!"라며 어린이들의 놀이를 일반화하는 이들에게 그렇지 않다는 걸 보여주는 사례로서만 효력을 갖는다. 그런데 생각해보니 가장 조심해야 할 사람은 다름 아닌 나다. 경험에 기대어 어린이의 놀이를 자꾸 짧은 언어로 규정하고 정형화된 디자인을 하게 되는 내가 조심해야 한다.

어린이는 각각의 기질대로 논다.
뛰어노는 어린이들 사이에서 누워있는 어린이, 혼자 놀이터 경계를 밟는 어린이, 무작정 뛰는 어린이, 미끄럼틀을 거꾸로 타는 어린이

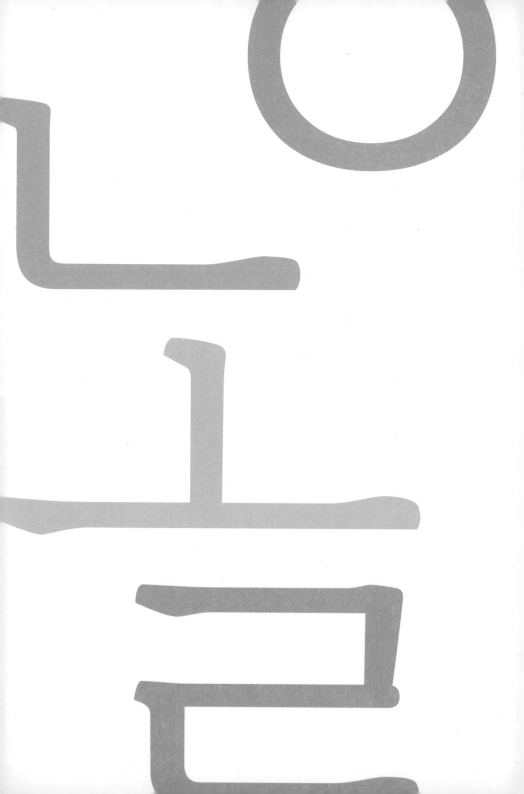

놀이
  터

반전이 필요한
놀이터의 역사

놀이터가 언제 어떻게 시작해 현재의 모습에 이르렀는지 경로가 궁금했다. '놀이터 역사'라는 키워드로 몇 번 검색하면 금방 뿌리를 드러낼 것이라고 기대했는데 오산이었다. 마치 고구마 뿌리처럼 사방으로 뻗쳐있어 쉽게 들어 올릴 수 없었다. 많은 역사적 사건과 교육학자, 심리학자, 철학자, 조경가, 건축가가 호명되었다. 발음하기도 어려운 이름들에 지쳐, 막막해진 순간이 간혹 있었지만 쫓아갈 만큼 쫓아가 보았다.

최초의 놀이터는 베를린의 한 공원에 조성된 모래밭이다. 기록에 의하면 1860년경에 만들어졌다. 자유놀이를 주장했던 스위스의 교육학자 요한 페스탈로치Johann Pestalozzi(1746~1827)와 그의 제자 프리드리히 프뢰벨 Friedrich Fröbel(1782~1852)이 세웠던 '어린이만을 위한 공간' 조성 계획을 이들의 지지자들이 실현하면서 최초의 놀이터가 만들어졌다.[1] 작은 삽과 양동이만 있는 모래더미였다고 하는데 많은 이들이 해변의 모래사장을 모방했을 거로 추측한다. 독일에서 시작한 놀이터는 여러 나라로 퍼져

나갔다. 네덜란드에서는 1880년 5월 암스테르담에 첫 번째 공공놀이터가 문을 열었다.[2] 미국에서의 첫 번째 놀이터는 1886년 보스턴[3]에 만들어졌다. 놀이터 확산을 위한 놀이터협회도 설립되기 시작했다. 네덜란드에서는 1902년에,[4] 미국에서는 1906년에 설립되었다.[5] 이 시기 놀이터가 확산한 배경에는 여러 가지 이유가 있다. 도시화로 어린이들의 안전이 위협받게 된 것도 있지만, 어린이 시절에 대한 개념 변화도 중요한 요인이 된다. 필립 아리에스Philippe Ariès의 책 『아동의 탄생』[6]에 따르면 15세기 말 무렵이 되어서야 '어린이 시기'를 명확하게 구분하기 시작했다. 그 이전에는 생애 주기에서 어린이 시기라는 개념이 없었다. 몸집만 작았지 어른과 크게 다르지 않은 존재였다. 16~17세기를 거치면서는 어린이 시기에 대한 관념도 서서히 생겨나 '천진난만함', '친절함', '장난' 등이 특징으로 인식되었다. 19세기와 20세기에 이르러서는 '가족의 중심은 어린이'라는 생각이 널리 퍼졌다. 그러니까 어린이는 아직 세상에 나올 준비가 되어 있지 않은 존재이며, 세계에 발을 들이기 전까지 특별한 보호와 관리를 받아야 하는 대상이라는 건 근대적 개념이다.

놀이터가 독일에서 시작된 만큼 놀이터의 구성과 디자인도 독일에서 발전했다. 1920년대까지 놀이터는 모래밭, 잔디밭과 함께 전통적인 체조

1 페스탈로찌 프뢰벨 하우스 웹사이트, 2021년 12월 19일, www.pfh-berlin.de/de/aktuelles/kosmos-spielplatz-eine-digitale-ausstellung
2 네덜란드의 백과사전 플랫폼 Ensie 웹사이트, 2021년 12월 19일, www.ensie.nl/xyz-van-amsterdam/speeltuinen
3 Playground and Recreation Association of America(117915). A brief history of the playground association of America, *The Playground. 9(1)*, pp.2-11, pp.39-45.
4 네덜란드 놀이터 협회 연합 NUSO 웹사이트, 2021년 12월 19일, www.nuso.nl
5 미네소타 대학교의 Archives and Special Collections 웹사이트, 202년 1월 29일, https://archives.lib.umn.edu/repositories/11/archival_objects/790352
6 Aries, Philippe(1973), *L'enfant et la vie familiale sous l'ancien regime*, 문지영 역, 『아동의 탄생』, 새물결, 2003.

시설로 구성되었다. 체조시설은 독일 체조의 아버지라 불리는 프리드리히 루트비히 얀Friedrich Ludwig Jahn(1778~1852)의 영향이 크다. 그는 평행봉, 철봉 등 새로 개발된 기구를 이용한 야외 운동을 독려했다. 그 당시 커지는 민족주의의 영향으로 어린이들을 미래의 군인으로 보았기에 독일에서 어린이들을 위한 공간에 체조시설을 설치하는 건 중요했다.[7] 우리나라 학교 운동장에 평행봉이나 철봉이 설치되었던 배경도 여기에서 짐작할 수 있다. 1920년대 미국 시애틀의 놀이터 사진에 포착된 체조시설물의 규모와 난이도는 놀랍다. 지금의 시선으로는 어린이용이 아니라 서커스용으로 보인다. 제2차 세계대전 이후에야 어린이놀이터에 부여되었던 군사적·정치적 성격이 사라졌다.

1920년대 시애틀의 놀이터.
어린이들을 미래의 군인으로 보았기에 지금으로서는 상상할 수 없는 규모와 난이도의 체조시설물이 놀이터에 설치되었다. 이러한 놀이터의 군사적·정치적 성격은 제2차 세계대전 이후에야 비로소 지워졌다.

1930년대와 1940년대에는 대공황과 제2차 세계대전으로 놀이터 조성이 다소 주춤해졌으나, 1945년 전쟁이 끝난 이후에는 경제적 성장에 따른 여가 기회 증가, 베이비 붐 시대라는 특징으로 놀이터도 늘었다.[8] 조경가와 건축가도 놀이터 조성에 뛰어들었다. 일본계 미국인 건축가 이사무 노구치Isamu Noguchi는 1930년대부터 놀이터에 관심을 두고 단순하면서도 추상적 형태의 디자인을 제안했다. 1960년대 후반 뉴욕을 활동 기반으로 하는 조경가 폴 프리드버그M. Paul Friedberg와 건축가 리처드 다트너Richard Dattner를 비롯해 도시공간 전문가들은 장 피아제Jean Piaget와 에릭 에릭슨Erik Erikson의 영향을 받아 어린이가 자연스러운 본능을 발휘하여 스스로 자신의 경험을 연출할 수 있는 환경을 설계하고자 했다.[9] 네덜란드에서는 알도 반 아이크Aldo Van Eyck의 활약을 눈여겨볼 수 있다.[10] 1947년에서부터 1978년까지 암스테르담에서 700여 개의 미니멀한 형태의 놀이터를 디자인했다. 또 책갈피를 꽂아두어야 하는 놀이터 유형은 정크놀이터인데, 1943년 나치가 점령한 코펜하겐 엠드럽Emdrup에서 시작해 전 세계적으로 전파되었다. 정크놀이터는 다른 글에서 자세히 다루도록 하겠다.

1950년대부터 1970년대에는 디자인에 큰 변화가 온다. 텔레비전, 우주 여행, 서부극 및 디즈니랜드의 영향을 받아 로켓, 차량, 동물 등을 형상화한 형태와 밝은 색상의 놀이터가 조성된다. 놀이터 역사학자 조 프

7   오스트리아의 공영방송 ORF 웹사이트, 2021년 12월 19일, https://sciencev1.orf.at/news/49265.html
8   Pascoe, Carla(2017), A History of Playspace. In Katherine Masiulanis, Elizabeth Cummins, eds., *How to Grow a Playspace: Development and Design*, New York, Routledge, pp.13-20.
9   영국 내각 발행 잡지 웹사이트, 2021년 12월 19일, www.cabinetmagazine.org/issues/45/trainor.php
10   암스테르담 정보 관련 잡지 웹사이트, 2021년 12월 19일, https://onsamsterdam.nl/laat-de-kinderen-vrij-spelen

1974년에 발행된 놀이시설물 카탈로그.
미라클 기구 회사(Miracle Equipment Company)에서 발행한 카탈로그로,
현재 놀이시설물의 구성이나 형태와 유사하다.

로스트Joe Frost는 이 시기를 '참신한 놀이터 시대novelty playgrounds era'[11]
라고 부른다. 그는 이 시대의 놀이터는 어린이 발달보다는 미학, 문화, 역
사 같은 어른들의 가치가 더 강조되었다고 보았다.

　　정크놀이터의 시대도, 조경가나 건축가가 놀이터를 한 곳 한 곳 주제
를 잡고 디자인하던 시대도, 참신한 놀이터 시대도 짧게 끝났다. 늘어난
놀이터에 비해 부족한 예산과 유지 관리의 어려움, 안전의 문제로 놀이
기구의 대량 생산 시대로 접어들었다. 미국에서는 특히 안전으로 인한 소
송으로 표준화와 공장 생산이 가속화되었다.[12] 1974년에 발행된 카탈로
그 『Burke better built equipment for playgrounds, sports and

recreation』을 보면 디자인과 재료만 다소 다를 뿐 현재의 놀이시설물 구성이나 형태와 크게 다르지 않다.

양산화와 이에 따른 표준화로 '4s'라고 부르는 그네swings, 슬라이드 slides, 시소see-saws, 조합놀이대superstructures로 놀이터가 채워지기 시작했다. 역사학자 수잔 솔로몬Susan Solomon은 미국과 세계 전역에 수천 개 이상의 식당을 지으며 비슷비슷한 놀이터를 만든 맥도날드를 재미없는 4s 놀이터의 주범이라고 보았다.'[13] 그 이후의 놀이터 역사는 4s에서 벗어나려는 싸움이다.

놀이터의 역사를 4s로 끝내려 하니 다소 서글프다. 놀이터의 역사는 어린이의 놀이를 쫓아가려는 추격의 역사였지만, 그 간격은 쉽게 좁혀지지 않았다. 놀이터는 집단 지성의 산물이면서 동시에 집단 시행착오의 산물인 셈이다. 그러나 아직 끝나지 않았다. 놀이터의 뿌리를 캐면서 만난 수많은 글 안에는 어린이에 대한 존중과 사랑, 4s로 채워지는 놀이터에 대한 염려와 어린이에 대한 미안한 마음이 가득했다. 해피엔딩으로 결말을 맺을 수 있는 반전의 기회는 아직 남아 있다.

11 Frost, J. L.(1989), Play environments for young children in the USA: 1800–1990, *Children's Environments Quarterly, 6(4)*, pp.17–24.
12 디자인 잡지 드웰 웹사이트, 2021년 12월 19일, www.dwell.com/article/structured-play-8cd1a3a1
13 Solomon, S. G.(2005), *American Playgrounds: Revitalizing Community Space*, NH: University Press of New England.

정크놀이터·모험놀이터·
플레이파크,
어린이들을 믿어봐

어린이들이 불도 피우고 못질도 하고 안전장치 없는 높은 구조물에 올라가도 말리지 않는 일본의 플레이파크playpark. 우리나라의 비슷비슷한 형태의 놀이터, 안전만을 추구하는 놀이터와 비교해서 일본의 플레이파크는 궁극의 놀이터로 이야기되고 있다. 많은 사람이 일본의 플레이파크를 답사하고 플레이파크에서 활동하는 놀이활동가playworker를 초대해 이야기도 듣는다. 나도 2017년 회사 동료들과 하네기 공원의 플레이파크를 비롯해 세타가야 구를 중심으로 몇몇 플레이파크를 답사했다.

플레이파크는 모험놀이터adventure playground와 함께 정크놀이터junk playground에 기원을 둔다. 정크? 정크놀이터? 쓰레기나 고물놀이터? 명칭에 무슨 오류가 있지 않을까 의심스럽지만, 우리가 일반적으로 알고 있는 의미의 정크가 맞다. 어린이들이 건설 현장, 쓰레기 더미, 버려진 장소에서 자신들의 은신처를 만들고 노는 모습에서 영감을 받아 만들어진 놀이터다. 시작은 1943년 덴마크로 거슬러 올라간다. 제2차 세계대전

일본 세타가야 구 하네기 공원에 있는 플레이파크.
조합놀이대도 없고, 안전만을 추구하는 일반 놀이터와는 달라도 한참 다르다.

으로 도시는 황폐해졌지만, 어린이들은 아랑곳하지 않고 놀았다. 오히려 더 창의적이었다. 조경가 칼 테오도르 소렌센Carl Theodor Sorensen과 교사 한스 드라이엠Hans Dragehjelm은 이를 참조해 나치가 점령한 코펜하겐 엠드럽에 1943년 새로운 형태의 놀이터인 '정크놀이터'를 만들었다.[14] 한스 드라이엠은 1902년 덴마크 프리드리히 연합회Froebel Society 설립에도 기여[15]했다고 하니 정크놀이터 조성의 배경에는 자유로운 놀이를 강조한

14 놀이, 놀이터 백과사전 웹사이트, 2021년 12월 19일, www.pgpedia.com/s/carl-theodor-sorensen.
15 Coninck-Smith, Ning De(1999), *Natural Play in natural Surroundings Urban Childhood and Playground Planning in Denmark, c. 1930-1950*, Department of Contemporary Cultural Studies The University of Southern Denmark.

프리드리히 프뢰벨의 영향이 있었다고 추측할 수 있다. 이 놀이터는 인기가 좋아 당시 하루에 900명의 어린이가 찾았다.

　놀이활동가도 이때부터 시작되었다. 어린이들이 땅을 파고 집을 짓고, 모래와 물로 댐과 물길을 만들고, 불도 피우는 모험 가득한 놀이터에서 불의의 사고가 일어나지 않도록 하기 위해서는 성인이 있어야 한다고 보았다. 그러나 어린이들의 자발적 놀이가 중심이 되는 정크놀이터에서 놀이활동가는 어떠한 역할을 해야 할지 상당히 고민스러웠을 것이다. 이 어려운 역할을 첫 번째로 수행한 사람은, 나치에 대항한 덴마크 레지스탕스 운동의 일원이기도 했고 보육원 교사이자 전직 선원이었던 존 베텔센 John Bertelsen이었다. 세계놀이협회IPA 창립자 중 한 명이자 조경가인 영국의 매저리 알렌Marjory Allen, Lady Allen of Hurtwood(1887~1976)은 그를 철학자이자 시인인 위대한 사람으로 평가했다.[16] 그가 정립한 놀이활동가 역할의 기본 개념은 지금까지 이어지고 있다.

어린이가 주인이고 주도권은 어린이들에게서 나와야 합니다. 놀이활동가는 제안을 할 수 있지만 요구해서는 안 됩니다. 그(그녀)는 어린이들이 필요로 하거나 요구하는 도구와 재료를 구해야 하지만, 어떤 순간에건 새로운 활동에 양보할 준비가 되어 있어야 합니다. 프로그램을 기획하고 운영하는 것은 상상력과 주도성을 억압하는 일이며, 새로운 놀이 방식을 원하는 호기심과 관심을 가진 어린이를 배제하는 것입니다.[17]

정크놀이터는 유럽, 북미, 아태 지역으로 퍼져나갔다. 도입된 나라에 따라 이름이 바뀌었다. 매저리 알렌은 코펜하겐에서 정크놀이터를 본 후 감명을 받아 '모험놀이터Adventure Playground'라는 이름으로 영국에 도입하고 전국적 확산에 온힘을 쏟았다.[18] 어린이들의 놀이, 놀이터에 누구보다 진심이었던 그녀는 장애어린이들이 마음껏 놀 수 없는 상황을 타파하고자 장애어린이를 위한 모험놀이터도 만들었다.

모험놀이터는 미국으로도 건너갔다. 1950년 미니애폴리스에서 미국 최초의 모험놀이터가 조성되었다. 1966년과 1972년 사이에는 우리가 잘 아는 센트럴 파크에도, 시설물이 아니라 공간 자체가 어린이들의 놀이를 유발하고 모험을 자극하는 모험놀이터 형태로 일곱 개의 놀이터가 만들어졌다.[19] 모험놀이터는 영국과 미국에서 1970년대까지는 인기를 누렸지만, 위험에 대한 걱정으로 1980년대부터 줄어들기 시작했다.

정크놀이터는 일본에서는 플레이파크는 이름으로 다시 태어났다. 어린이들의 놀이 환경에 관심이 많았던 오무라大村 부부는 자신들이 매혹을 느꼈던 유럽의 정크놀이터를 일본에 소개했다. 이 과정에서 결성된 '놀자 모임あそぼう会'의 주도로 1976년 세타가야 구의 한 강가에 최초의 플레이파크가 만들어졌다. 이 놀이터는 강가를 정비하면서 없어졌지만 1979년 하네기 공원의 한쪽에 상설 모험놀이터가 조성되었고 1980년에

---

16 영국 런던의 모험놀이터 관련 민간조직 웹사이트, 2021년 12월 19일, https://londonadventureplaygrounds.org.uk/about-adventure-playgrounds/pioneers-of-adventure-play/

17 Child in the city 웹사이트, 2021년 9월 19일, www.childinthecity.org/2016/04/18/save-junk-playgrounds-emdup/

18 가디언 웹사이트, 2021년 9월 19일, www.theguardian.com/artanddesign/2012/jul/03/sense-adventure-children-playgrounds-architecture.

19 센트럴파크 컨서번시 웹사이트, 2021년 9월 19일, https://planforplay.centralparknyc.org/history/adventure-style_playgrounds.php

놀이활동가가 채용되면서 제대로 된 플레이파크의 모습을 갖추게 되었다. 이후 세타가야 구를 벗어나 전국적으로 퍼졌다.[20]

일본에는 플레이파크가 400여 개 있다. 그러나 도쿄의 세타가야 구 지역에서나 상시로 운영되고, 다른 지역의 놀이터에서는 대부분 프로그램 형태로 운영된다. 어느 곳은 일요일에만, 어느 곳은 한 달에 한 번만 플레이파크가 열린다. 하네기 공원의 모험놀이터에서 만난 한 어린이 엄마는 일본에서도 그리 보편적이지 않고 세타가야 구라서 성공적으로 운영된다고 평가했다. 일본에서 만난 연구자나 놀이터 이용 엄마들은 세타가야 구는 상류층이 많이 사는 지역이고, 부모들의 교육 수준도 높아서 그렇지 않겠냐고 했다.

플레이파크의 배경에는 열혈 지지자들이 있다. 한 플레이파크에서 만난 아빠는 어린이를 유치원에 보내지 않는 대신, 몇몇 부모들과 여러 플레이파크를 돌아다니며 논다고 했다. 그는 이를 '독립 유치원independent kindergarten'이라고 불렀다. 다른 플레이파크에서 만난 어린이 엄마는 자신이 어렸을 적 놀던 플레이파크에서 자신의 자녀들이 놀고 있다며, 자신의 부모들이 했던 것처럼 이제는 자신이 부모 모임의 일원으로서 자원봉사도 하고 기금 마련을 위한 벼룩시장도 연다고 했다. 지역사회가 세대를 이어 놀이터를 만들고 지켜나가는 모습이 부러웠다.

정크놀이터, 모험놀이터, 플레이파크가 같은 의미의 다른 단어로 이야기되기도 하지만 단어가 태어나고 자란 사회적 맥락이 다른 만큼 사

---

20 Playpark 웹사이트, 2021년 9월 15일, https://playpark.jp/history/

회적 상징성과 쓰임새는 조금씩 다를 것이다. 개인적 경험만 보더라도 짧은 방문이었지만 스웨덴 스톡홀름의 정크놀이터인 랄람쇼브 공원Rålambshovsparken의 롤리스 공원놀이터Rålis Parklek와 일본의 하네기 모험놀이터에서 받은 인상은 달랐다. 두 곳 모두에 공통적으로 흙을 마음대로 가지고 놀 수 있는 공간, 나무로 집도 지을 수 있는 공간이 있었지만, 하네기 플레이파크에 비해 스웨덴의 롤리스 놀이터는 덜 거칠어 보였고 한쪽에는 일반적인 조합놀이대며 놀이기구도 있어 복합적이었다.

그런데 조심스럽게 고백하자면, 일본의 플레이파크를 보면서 혼란스러웠다. 다섯 살 정도 되는 어린이가 몇 개의 구조물을 디뎌 가장 높은 지붕에 올라가 아래로 뛰어내리는 모습은 아찔했고, 공사장에서 나온 듯한 나무판자와 물, 흙이 뒤범벅된 야생의 공간과 주변의 고급 주택가가 이루는 강한 대비는 어색했다. 울타리 쳐진 작은 야생 공간은 동물원의 동물 같이 안쓰러워 보였다. 그나마 그 야생도 특정 계층의 자녀들이 중심이 되어 즐긴다고 하니 씁쓸했다. 플레이파크 옆 일반 놀이터에서 만난 한 엄마와의 대화도 혼란스러움을 더했다. 그녀는 일반 놀이터에서는 공원을 조성하고 관리하는 정부가 사고에 대한 책임을 지지만 플레이파크에서는 아이와 부모가 책임을 져야 하고 보험료도 개인이 지급해야 하는데 자신은 자신이 없다고 했다. 공공놀이터를 주로 디자인하다 보니 특별한 놀이터를 만드는 것보다 놀이터의 보편적 질을 높이는 데 관심을 더 가질 수밖에 없고, 앎을 넘어서 실질적으로 만드는 처지이다 보니 '새로운데!'라며 감탄만 하기는 어려웠다.

누군가는 궁극의 놀이터로 이야기하고, 누군가는 나처럼 물음표를 던지기도 하고, 누군가는 고개를 저을 수도 있지만, 이 세 가지 놀이터가 지향하는 바는 항상 옆에 두고 봐야 한다. 매일매일 어린이들이 놀이터를 만들어나갈 수 있는 환경을 제공한다는 것, 안전에 대한 도전적 태도, 어린이들의 놀이를 존중하고 지지하는 놀이활동가라는 존재. 그리고 무엇보다 이 세 가지 놀이터는 "여기를 봐! 어린이들이 불을 피우며 놀고, 스스로 톱과 망치로 무언가를 만들고, 놀이터의 여기저기를 거침없이 신나게 뛰어다녀! 우리도 한번 어린이들을 믿어보자니까"라고 말할 수 있는 근거가 된다.

정크놀이터인 스톡홀름 랄람쇼브 공원의 롤리스 공원놀이터.
하네기 플레이파크와 달리 다양한 놀이시설물이 놓여 있다.

미워만 할 수 없는
공공의 적 3S

웬만한 놀이터에는 대부분 있어 뻔한 놀이터의 대명사로 불리는 그네,
미끄럼틀, 시소의 영어명은 공교롭게도 S로 시작한다. 'swing', 'slide',
'seesaw'. 덕분에 이 셋을 3S로 통칭하기도 한다. 놀이터의 역사를 추적
해보면 3S는 근대화의 산물로서 놀이터가 시작한 때부터 같이해왔다. 특
히 미끄럼틀과 그네는 예전 놀이터를 보여주는 흑백 사진에 어김없이 등
장한다.

　놀이기구도 유행을 탄다. 메이폴 그네maypole swing라는 놀이기구는
옛날 놀이터 사진에서는 볼 수 있지만 최근에는 찾아보기 힘들다. 외국
놀이터를 답사할 때도 본 적이 없다. 우리나라에서는 설치된 적이 없는
줄 알았는데, 1935년 3월 5일 조선일보 기사에서 덕수궁에 설치된 모습
을 볼 수 있다. 1950~60년대에 초등학교를 다닌 사람들로부터 학교 운
동장에 있었다는 이야기를 듣기도 했다. 뺑뺑이라고 불리는 회전무대는
위험 때문에 사라졌다가 최근에 다시 설치되고 있다. 예전과는 다르게

지면과 같은 높이로 설치되어 기구에서 떨어지는 위험도 덜하고 휠체어를 이용하는 어린이들도 접근할 수 있다. 이렇듯 많은 놀이기구가 사라지기도 하고 다시 나타나기도 하지만 3S는 흔들림 없이 남아 있다.

최초의 미끄럼틀과 관련해서는 논쟁이 좀 있다. 2012년 영국 데일리메일Daily Mail과 비비시BBC에서는 세계 처음으로 미끄럼틀이 만들어진 지 90년이 되었다는 기사를 냈다.[21] 기사에 따르면 1922년 영국 노샘프턴셔 케터링의 윅스티드 공원Wicksteed Park에 최초로 미끄럼틀이 만들어졌다. 기사는 당시에는 여자 어린이용과 남자 어린이용이 구분되어 있었는데 남자 어린이들이 몰래 여자 어린이 미끄럼틀을 탔다는 에피소드도 소개했다. 이 기사 이후 이 미끄럼틀이 최초가 아니라는 주장이 여기저기에 나타났다. 1900년 미국 뉴욕의 한 옥상 놀이터에 설치된 미끄럼틀, 1904년 필라델피아의 스미스 기념 운동장에 설치된 미끄럼틀 사진이 근거 자료로 제시되었다.[22] 기구로 만들어진 미끄럼틀의 역사가 어찌 되었건, 스키, 눈썰매, 잔디썰매 등 경사진 땅에서 미끄럼을 즐기는 행위는 더 오래되었을 것으로 추측해본다. 본능이지 않을까.

그네를 타는 행위도 본능 같다. 그네의 역사는 춘향이 시대를 지나 기원전까지 거슬러 올라간다. 그리스 이라클리온 고고학 박물관Heraklion Archaeological Museum에 있다는 '그네에 앉아 있는 여성Woman sitting on a swing' 조각상 사진에는 'Hagia Triada, Late New Palace period(기

21 영국 BBC 방송국 웹사이트, 2021년 12월 18일, www.bbc.co.uk/newsround/17747678
22 Play-scapes 웹사이트, 2021년 12월 18일, www.play-scapes.com/play-history/pre-1900/worlds-first-playground-slide-says-the-daily-mail-not/

원전 1450~1300)'라는 설명이 덧붙여져 있다. 참고로 'Hagia Triada'는 크레타 섬 중부의 유적지다. 놀이터에 설치된 최초의 그네는 미끄럼틀이 최초로 설치되었다고 이야기되는 영국의 윅스티드 공원에 1923년 설치된 것이라는 설이 있지만, 이것도 반박이 많다.

찰스 윅스티드(Charles Wicksteed)가 디자인한 미끄럼틀.
1922년 영국의 윅스티드 공원에 설치되었다.

영국 윅스티드 공원에 설치된 그네.
1923년도 사진인데, 놀이터에 설치된 최초의 그네라는 설이 있지만 반론도 상당하다.

조각상 '그네에 앉아 있는 여성'.
이라클리온 고고학 박물관(Heraklion Archaeological Museum)이 소장하고 있는 이 작품은 그네가 기원전 1450~1300년부터 있었다는 증거가 된다.

지렛대의 원리를 활용하는 시소도 역사가 깊을 듯한데, 미끄럼틀이나 그네만큼 자료가 많지 않았다. 우리나라 포털사이트의 질문과 답이 오가는 서비스와 유사한 서비스를 제공하는 'www.reference.com'이라는 사이트에는 'Who Invented the Seesaw?'라는 질문이 올라와 있다. 나만 시소의 역사가 궁금한 건 아닌가 보다. 그 아래 대답이 흥미로운데 우리나라의 널뛰기를 시소의 기원으로 보고 있다. 이 문구만 따르면 우리나라는 시소의 종주국이 된다.

패트리샤 뉴먼Patricia Newman에 따르면, 안마당 벽의 경계를 넘어서는 것이 허용되지 않았던 17세기의 한국 소녀들은 시소를 발명하여 공중으로 높이 뛰어 바깥세상을 엿볼 수 있었다.[23]

이렇게 간단한 장치로 중력을 활용하는 놀이는 여러 문화권에서 나타난다. 어린이들만의 놀이도 아니었다. 춘향전만 보더라도 그렇다. 세 가지 놀이기구가 근대화·도시화의 산물인 놀이터에 도입되어 일정 공간을 차지하게 된 건 당연한 귀결처럼 보인다. 초기의 놀이시설물은 허술해 보이지만 과감했다. 누구나 1922년 영국 윅스티드 공원에 설치되었던 미끄럼틀을 보면서 엉덩이의 통증을 느낄 것이다. 1923년 윅스티드 공원에 설치된 그네의 높이는 3.6m라는데 보기만 해도 아찔하다. 어린이용으로 보이지 않던 3S가 대량 생산으로 규격화되면서 지금의 작고 안정적인 형태로 변화되었다.

3S는 뻔한 놀이터의 주범으로 이야기되지만 나름의 유용성이 있다.

혼자 놀이터에 나온 어린이는 친구를 기다리며 3S에서 시간을 보낸다. 새로 이사와 친구가 없는 어린이는 3S가 없다면 놀이터에 나올 엄두가 나질 않을 것이다. 함께 놀 친구를 사귀기 전까지 3S는 놀이터에 나올 알리바이가 된다. 어른이 어린이를 데리고 놀기에도 좋다. 놀이터를 찾은 어린이들이 빠르고 쉽게 놀이를 시작할 수 있다는 것도 장점이다. 놀이터에 달려든 어린이들은 일단 3S에서 준비운동을 한 후 다른 놀이로 전환한다. 웰컴 놀이기구다.

그러다 보니 색다른 놀이터를 만들자고 하면서도 어른이나 어린이들 모두 그네 없는 놀이터나 미끄럼틀 없는 놀이터를 앙꼬 없는 찐빵 취급한다. 유아들이 많이 이용하는 동네 놀이터에 시소나 낮은 미끄럼틀, 흔들말을 설치하지 않으면 보호자들로부터 "아이들 놀 게 없다"라는 원망을 많이 듣는다. 그네가 공간을 많이 차지하다 보니 놀이터가 좁으면 가끔 놓지 않는데 그럼 놀이터를 방문할 때마다 어린이들의 거센 항의를 받는다. 어린이들은 계속 쫓아다니면서 "그네가 없어요"를 외친다. "그네가 없는 덕분에 큰 언덕을 만들 수 있어서, 자유롭게 뛰어다니고 잡기 놀이도 할 수 있잖아. 그네는 몇 명만 탈 수 있잖아"라고 설득하지만, 소용없다.

3S가 있어야만 놀이터인 것은 아니다. 그렇다고 3S는 놀이터에서 추방해야 할 것도 아니다. 다만 놀이터는 놀이시설물을 이용하는 곳이 아니라 노는 곳임을 전제로 한다면, 어린이들이 3S에만 의존해서 놀지 않기를 바란다. 그래서 그네가 없어도 어린이들이 항의하지 않는 날이 오기를.

---

23 웹사이트 www.reference.com에 올라온 'Who Invented the Seesaw?'라는 질문에 대한 답변

조합놀이대의 아버지
조경가
폴 프리드버그

조합놀이대의 시작이 궁금해서 이리저리 찾아봐도 시원하게 궁금증을 풀어주는 자료는 없었다. 다만 추정할 수 있는 단서는 발견했다. 놀이가 끊어지지 않도록 놀이 유발 요소를 길게 연결하고 결합했던 미국의 조경가 폴 프리드버그Paul Friedberg에게서다.

한 경험에서 다음 경험으로 이동하는 것은 그 자체로 경험이다. 다음에 무엇을 할지 선택하는 것은 경험이 된다. 놀이터가 복잡할수록 선택의 폭이 넓어지고 학습 경험이 더욱 풍부해진다. …… 연결된 놀이의 개념은 개별적 놀이기구를 합친 것 이상으로 풍부하게 놀이를 제공한다.[24]

1931년에 태어난 폴 프리드버그는 여전히 활동하고 있다. 유튜브에서

---

24 Paul Friedberg, *Play & Interplay: A Manifesto for New Design in Urban Recreational Environment*, London: The Macmillan Co., Collier-Macmillan Ltd., 1970, p.45.

몇 년 전의 인터뷰 동영상도 찾을 수 있다. 모더니즘 실패의 상징으로 회자되는 프루이트-아이고Pruitt-Igoe 주택단지 내 놀이터 등 다수의 놀이터를 디자인했을 뿐만 아니라 1970년에는 『Play and Interplay』를, 1975년에는 『Handcrafted playgrounds: Designs you can build yourself』를 출판했다. 미끄럼틀이나 그네 등 단일 기구 설치에서 벗어나 다양한 요소를 연결시켜 새로운 형태의 놀이터를 만들도록 유도하는 『Handcrafted playgrounds: Designs you can build yourself』는 몇 년 전까지만 해도 아마존에서 비싼 가격으로 팔렸는데 지금은 중고품도 찾기 어렵다. 이 책을 보면 폴 프리드버그로부터 조합놀이대가 시작되었음을 확신하게 된다.

일본 모에레누마 공원의 놀이터.
조각가이자 조경가이자 건축가로 활동했던 이사무 노구치가 설계한 놀이터로
다소 생경해 보이는 추상적 형태가 돋보인다.

제2차 세계대전 이후 1960년대 전후 복구 작업과 베이비 붐, 경제 성장 등의 사회적 분위기 속에서 놀이터도 적극적으로 만들어지기 시작했다. 한편에서는 놀이시설물이 산업의 대상으로 제품화되었고, 다른 한편에서는 폴 프리드버그와 리처드 다트너를 비롯해 많은 조경가와 건축가들이 자신들의 분야에서 축적한 공간을 보는 시선과 디자인 언어로 독특한 놀이터를 만들어나가기 시작했다. 놀이터의 르네상스 시기라고 할 수 있다. 놀이터가 공간을 디자인하는 전문가들의 관심 영역으로 들어오게 된 배경에는 조각, 조경, 건축을 넘나들며 작업했던 일본계 미국인인 이사무 노구치Isamu Noguchi(1904~1988)의 영향이 컸다. 그는 1930년대 초반부터 삼각형, 원, 피라미드 모양의 단순하면서도 추상적 형태로 놀이시설물 디자인을 제안했다. 그가 디자인한 일본 삿포로 인근 모에레누마Moerenuma 공원 놀이터에서는 삼각형의 그네, 원통형의 미끄럼틀, 사각형의 오르기 시설 등을 만날 수 있다.

폴 프리드버그를 비롯해 당시 활동했던 조경가와 건축가들은 놀이터playground라는 단어 대신 놀이풍경playscape이라는 단어를 사용했다. 지금도 그렇지만 당시에도 놀이터라는 단어는 정글짐, 그네, 평지에 놓인 미끄럼틀을 의미했기 때문에 새로운 실험을 설명할 단어가 필요했다. 새로운 단어 사용에는 놀이와 어린이의 정신적·신체적 발달과의 관계를 다룬 장 피아제Jean Piaget나 에릭 에릭슨Erik Erikson 같은 어린이 심리학자들의 영향도 있었다.[25] 어린이들이 시설물이 아니라 풍경 속 여기저기를 뛰어다니며 노는 정크놀이터, 모험놀이터는 놀이풍경을 실제화하는 데 보기가 되었다.

뉴욕의 공동주택인 제이콥 리스 주택Jacob Riis Houses의 놀이터는 폴 프리드버그가 구현하고자 했던 놀이풍경을 잘 보여준다. 돌로 만들어진 이글루, 터널, 사다리, 나무기둥, 피라미드, 미로, 구름사다리, 모래 공간 같은 놀이 요소를 수평과 수직으로 연결해 산, 동굴, 나무 위의 집으로 이루어진 마을처럼 풍경 자체가 놀이를 일으키도록 했다.[26] 그의 또 다른 작품인 센트럴 파크 내의 빌리 존슨 놀이터Blly Johnson Playground에서는 센트럴 파크의 풍경을 축소해 놀이풍경을 펼쳤다. 센트럴 파크의 상징적 풍경인 갭스토우 다리Gapstow Bridge와 덴 서머하우스Dene Summerhouse를 어린이 신체에 맞게 축소 변형했다. 미끄럼틀은 바위로 이루어진 언덕 사이에 있어 어린이들은 풍경 속에서 우연히 미끄럼틀을 발견하게 된다. 자신의 자녀가 높은 구조물에서 구르는 모습에서 아이디어를 얻어 이 미끄럼틀을 디자인했다고 한다.[27] 언덕에 설치된 미끄럼틀이 지금은 흔하지만, 당시에는 새로운 시도였다. 그는 이 놀이터를 지으면서 "센트럴 파크를 놀이터로 생각합니까, 아니면 놀이하는 장소로 생각합니까?"라고 물었다.[28] 시설물로 채워졌던 기존의 놀이터에 대한 그의 반감을 고려한다면 이 말의 의미를 "놀이터를 디자인한다는 것은, 놀이를 위한 시설물을 놓는 게 아니라 통합된 놀이 경험을 제공하는 일"이라고 해석할 수 있다. 이 놀이터는 2018년 원형 복원이 이루어질 만큼 그 가치를 인정받고 있다.

---

25 Cabinet Magazine 웹사이트, 2021년 8월 25일, www.cabinetmagazine.org/issues/45/trainor.php
26 디자인 잡지 드웰 웹사이트, 2021년 8월 25일, www.dwell.com/article/structured-play-8cd1a3a1
27 Landscape Architecture Magazine 웹사이트, 2021년 12월 9일, https://landscapearchitecturemagazine.org/2019/09/05/the-city-polarized-for-play/
28 센트럴파크 컨서번시의 수석 조경가인 크리스토퍼 놀란의 "개체로서의 놀이터가 아니라 통합된 놀이 경험"이라는 언급을 변형했음. 랜드스케이프 아키텍처 매거진 웹사이트, 2021년 8월 25일, https://landscapearchitecturemagazine.org/2019/09/05/the-city-polarized-for-play

뉴욕 센트럴 파크의 빌리 존슨 놀이터.
폴 프리드버그는 이곳을 설계하면서 센트럴 파크의 상징적 풍경을
어린이에게 적합한 규모로 축소·변형시켜, 풍경 자체가 놀이를 일으키도록 했다.

    그의 놀이풍경에서 시작한 실험은 조합놀이대의 원형으로 볼 수 있
는 'TimberForm'으로 이어진다. 그는 조성이 더 쉽고 유지 비용도
적게 들면서 놀이풍경을 연상시킬 수 있도록 놀이 요소를 연결하여
'TimberForm'을 고안했다. 목재상과 함께 작업을 하면서 우연히 발견
했다고 한다.[29] 높이와 크기가 다른 나무기둥들을 선형으로 이어서 건너
기 놀이와 균형 잡기 놀이가 이루어지도록 했고, 나무기둥을 규모감 있
게 모아 붙여 나무 언덕을 만들기도 했다. 또 일정 간격으로 세워진 나무
기둥을 철제로 연결해 철봉이나 구름사다리 역할을 하게도 했고 나무기

---

29 2009년 미국의 문화조경협회(The Cultural Landscape Foundation)가 폴 프리드버그에게 국제 조경가상인 오버랜드 상
(The Oberlander Prize)을 수여하면서 진행한 인터뷰 내용에 포함되어 있다. The Cultural Landscape Foundation 웹사
이트, 2021년 12월 8일, www.tclf.org/pioneer/oral-history/m-paul-friedberg

둥과 미끄럼틀을 결합하기도 했다. 나무기둥 그 자체로는 별다른 놀이를 유발하지 못하지만, 연결을 통해서 다양한 가능성을 만들어낸다. 우리가 흔히 보는 조합놀이대의 구성과 유사하다. 당시는 정글짐, 철봉, 구름사다리, 미끄럼틀 같은 기구를 개별적으로 설치하던 시기임을 고려한다면 아주 새로운 시도였다. 그는 한때 'TimberForm'이라는 회사를 만들어 운영했다.

미끄럼틀, 그네, 오르기 시설 등이 개별적으로 툭툭 놀이터에 놓이던 현실을 바꿔보고자 탄생한 조합놀이대, 어린이들의 놀이에 더 가깝게 다가가기 위한 시도였다. 그러나 지금은 뻔한 놀이터의 주범으로 몰리고 있다. 그의 정신과 실험이 다른 이들에게 전달되고 확장되기보다는 아이러니하게도 그가 꺼렸던 시설물로 굳어져 전해졌기 때문이다. 조합놀이대는 비판적으로 보더라도 그의 놀이에 관한 탐구와 실험정신은 긍정적으로 바라보자, 이제라도.

미국 세인트루이스 프루이트-아이고 주택단지의 놀이터.
조합놀이대의 원형이라 할 수 있는 TimberForm의 사례 중 하나다.

신문 기사로 만나는 우리나라 놀이터 역사

우리나라 놀이터 역사를 추적하기 위해 1920년 창간된 동아일보와 조선 일보의 기사를 검색해보았다. 어린이놀이터와 관련된 기사는 1930년대 초반부터 나타나지만, '놀이터'라는 단어로 검색된 신문 기사는 어른들의 여가나 위락공간을 다루는 내용이 주라 원하는 정보가 아니었다. '아동 공원', '어린이 유원'이라는 단어가 더 유용했다.

1933년 2월 12일 동아일보에는 덕수궁에 '아동공원'을 만든다는 기 사가, 같은 신문 1938년 5월 17일자에는 인천 월미도에 '어린이 유원' 을 설치한다는 기사가 실렸다. 조선일보에 실린 덕수궁 사진을 훑어보면 1935년 3월 5일 기사에는 기둥에 달린 줄에 여러 명의 어린이가 매달려 빙빙 도는 메이폴 스윙maypole swing이, 1937년 3월 1일 기사에는 미끄 럼틀이 보인다. 어린이들의 놀이공간이라는 근대적 개념이 놀이시설물이 설치된 공간으로 국내에 도입된 것으로 추측해본다. 참고로 당시는 서구 의 놀이터가 현재와 그리 다르지 않은 모습, 즉 그네, 미끄럼틀, 시소 같은

1935년 3월 5일자 조선일보에 실린 사진.
여러 명의 어린이들이 메이폴 스윙을 타고 있는 모습을 볼 수 있다.

놀이시설물과 모래 공간으로 굳어진 때다. 놀이터에 대한 명칭뿐만 아니라 그네, 미끄럼틀, 시소 같은 단어도 지금과는 다르게 사용되었다. 미끄럼사다리, 미끄럼질타는것, 미끄럼대, 미끄럼판, 건네, 목마, 서양널, 씨이소 같은 표현을 신문 기사에서 발견할 수 있다.

여러 단어를 거쳐 놀이터라는 단어가 보편적으로 사용되고, 놀이터 조성도 특별한 사건이 아니라 보편화 되는 기미가 보이기 시작한 건 해방 이후인 1950년대 초반부터다. 어린이날을 앞둔 1953년 5월 3일 조선일보 기사에는 늘어나는 교통사고로부터 어린이들을 보호하기 위해서 놀이터가 필요하다는 글이 실렸다. 이후로 많은 기사가 교통사고 위험에 따른 놀이터의 필요성을 담고 있다. 서구에서 자동차로 인한 사고 위험 때문에 놀이터가 확산된 배경과 크게 다르지 않다. 교통뿐만 아니라 학습에 대한 부담을 안타까워하며 놀이터 조성을 요구하는 기사도 틈틈이 발견된다. 신랄하게 당시의 상황을 기록하고 대안을 제시하는 한 사설이 흥미로워 옮겨 본다. 당시에도 어린이의 일상은 녹록하지 않았다. 글쓴이는 당시의 새싹회 대표 윤석중이다.

어린이들은 갈 곳이 없다. 다만 깨알 같은 숙제 프린트를 옆에 끼고서 얼굴빛이 노래가지고 집과 학교 사이를 종종걸음칠 따름이다. (중략) 우선 그들에게 '놀잇거리'와 '놀이터'를 장만해주어야겠다. (중략) 우선 아쉰대로 점쟁이, 장사아치, 정객, 룸펜들이 점영하고 있는 서울한복판 탑동공원만이라도 어린이를 위한 공원으로 차렸으면 어떨까. - 동아일보, 1958년 5월 2일

1960년대 들어서면서 놀이터 조성은 본격화되고 제도적 체계도 갖추기 시작한다. 1968년 9월 30일 당시 서울시장이었던 김현옥은 국회농림위 국정감사반에 1969년부터 3개년 동안 시내 302개 동마다 1개소씩 어린

1963년 8월 26일 개장한 남산 어린이놀이터의 당시 모습.
우리나라에서는 1960년대 이후 어린이놀이터 조성이
제도적으로 체계를 갖추기 시작했다.

이공원을 만들겠다는 계획을 전하고 있다(조선일보, 1968년 10월 2일). 이어서 1970년 5월 21일 조선일보에는 서울시가 7개 어린이공원 착공을 했다는 소식이 실렸다. 1969년 보사부는 건설부에 어린이놀이터 조성 법제화를 요청했다(조선일보, 1969년 1월 12일). 놀이터는 점점 증가해 1989년 당시 서울 시내 어린이공원은 829개나 된다(조선일보, 1989년 7월 21일). 놀이터 조성이 일반화되면서 놀이터 조성을 알리는 기사는 사라진다. 대신 사고를 전하는 기사가 간혹 등장한다.

어린이가 추락사(墜落死)
남산(南山)놀이터에서 5일 오후 5시 30분쯤 서울 남산 어린이 놀이터에서 미끄럼을 타던 (중략) 높이 4m의 미끄럼대에서 떨어져 중상, 수도 의대 부속병원에 입원치료 중 6일 오전 5시쯤 절명했다. – 조선일보, 1966년 1월 7일

1990년대 이전까지를 조성의 시기라면 1990년대 이후는 개선의 시기라고 할 수 있다. 앞 시기에 만들어졌던 놀이터는 쇠락해져 개선이 필요해졌다. 서울시는 1994년 놀이터 현대화 사업을 진행했다. 천편일률적 놀이터에 대한 문제 제기도 이즈음 시작된다. 1993년 2월 15일 조선일보의 한 사설에서는 "천편일률적인 시설물, 유치한 색상, 체형이나 안전성을 전혀 고려하지 않은 시공자 편의 위주의 설계"라는 표현이 등장한다. 그러나 천편일률적 놀이터에 대한 사회적 관심은 크지 않았다. 2000년대 중반에 이르러서야 공공미술에 관한 관심과 맞물리면서 확대되고 대안

도 시도된다. '아트 인 시티 프로젝트', '안양공고 예술 프로젝트APAP', 서울시의 '도시갤러리 프로젝트' 등이 그 예다.

어린이놀이터가 변하고 있다. 창의력을 중시하는 정보화 시대는 놀이터에도 천편일률적인 시설물 대신 상상과 꿈의 세계를 구현하도록 요구하고 있다. 더 이상 어린이만을 위한 공간도 아니다. 아이들은 뛰놀고 어른들은 좁다란 평상을 내놓고 앉아 한담을 나누던 옛 골목길처럼 세대를 초월하고 장애를 넘어 놀이와 휴식, 예술 체험과 치유가 한데 어우러지는 공간이다. 세상에 단 하나를 외치는 재미난 놀이터들이 속속 개장하고 있다. - 한국일보, 2006년 10월 26일

오세훈 서울시장의 주요 정책인 '디자인 서울'의 하나로 '상상어린이공원' 사업이 2008년부터 1, 2단계에 걸쳐 진행되었다. 이 사업은 혁신적 디자인을 발굴하기 위해 현상공모로 진행되었고, 총 300여 개의 공원이 개선되었다. 놀이터 디자인 변화는 민간 차원에서도 일어난다. 1998년 건설경기 부양을 위해 아파트 분양가가 자율화되면서 아파트 시장은 경쟁 체제로 들어섰고 건설사들은 브랜드 마케팅을 적극적으로 펼치기 시작한다. 놀이터의 놀이시설물도 기능보다는 마케팅 논리에 따라 외형적 형태가 중요시되고 시설물 업체는 홍보 효과도 높고 수익성도 좋은 대규모 조합놀이대 개발에 집중하게 된다.

   2010년대 들어서는 디자인을 넘어, 놀이터가 제대로 놀이를 담는 그릇이냐는 문제의식을 갖는 논의가 시작된다. 2012년 4월 23일 경향신문

에는 참교육학부모회 동북부지회의 '잘 놀아야 잘 큰다'라는 놀이소모임을 다룬 기사가 실렸고, 놀이의 중요성도 언급되었다. 이어서 경향신문은 2014년 2월과 3월에 참교육학부모회 및 서울 노원·도봉구청과의 공동기획으로 '놀이가 밥이다'라는 제목의 기획 기사를 연재했다. 이 기획 기사에서는 사교육에 치여 놀지 못하는 어린이들의 현재와 놀이의 중요성, 키즈 카페 등으로 상업화되는 놀이가 갖는 문제를 다루었다.

이러한 '놀이'에 대한 담론은 2007년 제정되어 유예기간을 거친 후 2015년 1월 26일부터 시행된 '어린이놀이시설 안전관리법'으로 확장되었다. 안전기준을 충족하지 못하는 놀이터가 2015년 1월 26일부터 폐쇄될 위기에 처하자 여러 분야에서 문제 제기가 이루어졌다. 2015년 12월 3일 KBS에서는 "폐쇄된 놀이터 살리기 노력, '관심'"이라는 제목으로 한 복지기관과 아파트 주민들이 돈을 모아 놀이터를 조성한 사례와 함께 어린이들이 뛰놀 수 있는 공간을 돌려주자는 뉴스를 내보냈다. 세이브더칠드런과 초록우산어린이재단 같은 어린이 관련 단체는 놀이터를 지키자는 취지의 캠페인을 펼쳤고 기업의 후원을 끌어내 폐쇄될 위기에 있는 놀이터를 리노베이션 하는 사업을 시작했다.

시민사회의 활동은 지방정부 정책에도 영향을 주었다. 서울시는 폐쇄 위기에 있는 놀이터를 대상으로 창의놀이터 사업을 2014년부터 시작했다. 상상어린이공원 사업이 시각적 요소에 중심을 두었다면 창의놀이터 사업에서는 마을과 놀이터의 관계, 주민참여, 어린이 놀이 특성을 반영하는 놀이터 디자인이 강조되었다. 순천시에서는 2016년 기적의 놀이터라는 이름으로 시설물에서 벗어난 새로운 전형을 제시하였다. 또 경기도

의 아이누리 놀이터, 전주시의 야호 놀이터같이 많은 지방정부는 고유의 브랜드를 만들어 새로운 놀이터 조성의 흐름에 올라탔다.

놀이터가 시작된 서구에는 촘촘한 놀이터의 역사가 있다. 우리나라의 놀이터와 서구의 놀이터가 모습은 별다르지 않지만 서 있는 시간의 좌표는 다르다. 성공과 실패를 거듭하며 시도된 실험으로 서구의 놀이터를 조성하는 노하우의 깊이는 두텁다. 꺼내 쓸 레퍼런스가 그들 안에 가득하다. 우리는 의심 없이 그들이 만들어 놓은 놀이터를 수입했고, 변화의 레퍼런스도 서구였다. 의심이 시작된 건 최근의 일이라 놀이터를 어떻게 봐야 할지, 어떻게 하면 좋은 놀이터를 만들지에 대한 고민과 실험의 시간이 길지 않다. 이제 시작이다. 넘칠 정도는 아니지만 의욕이 있다. 그래서 오히려 가능성이 있다고 기대를 걸어본다.

다른 나라 놀이터에서 확인하는 놀이터 방정식의 변수와 상수

최근 해외의 많은 놀이터를 찾아다녔다. 꼭 놀이터를 보기 위해 나선 길이 아니더라도 시간이 비면 놀이터를 찾았다. SNS나 책에서 멋진 사례로 소개되고 있는 놀이터나 자연놀이터, 통합놀이터같이 특정 주제의 놀이터가 주 대상이었다. SNS나 책에 실린 멋진 이미지의 공간적·시간적 바깥이 궁금했고 소개 글이 어느 정도까지 사실인지 확인하고 싶었다. 특별한 놀이터를 찾아다니며 만난 평범한 놀이터도 좋은 공부거리가 되었다. 우리나라의 놀이터와 별반 다르지 않았다. 4종 세트로 조성된 놀이터가 주를 이루었고 디자인도 단순했다. 나라마다 좀 차이가 있지만, 유럽이라고 바닥을 친환경 소재인 모래나 우드칩으로 까는 것도 아니었다. 고무포장이나 인조잔디도 많았다. 강력한 안전기준으로 놀이터가 재미없어진다는 불만도 공통적이었다.

특수성과 보편성을 확인하면서 놀이터에 영향을 주는 변수를 확인할 수 있었다. 어떤 변수는 이미 그 중요성을 알고 있었지만 낯선 땅에서 더 강력하게 다가오기도 했고 당연하게 여겼던 조건이 깊이 헤아려야 하는 변수임을 깨닫기도 했다. 그렇게 정리된 변수 리스트의 가장 윗자리는 놀이터와 지역사회와의 관계가 차지한다.

책과 SNS에서 미리 본 사진 속 네덜란드의 놀이터는 새롭고 화려했다. 그러나 찾아가는 길은 그렇지 않았다. 현지인의 설명을 듣지 않더라도 저소득층 지역임을 알 수 있었다. 소박한 도시 풍경 속 화려한 놀이터, 반전이었다. 반면 잠시 묵었던 숙소 주변 고급 주택가의 동네 놀이터는 소박했다. 나무로 투박하게 만들어진 조합놀이대가 잔디밭 한쪽에 자리잡고 있을 뿐이었다. 동네에 너른 잔디밭과 호수가 있는 마을은 그 자체가 놀이터일 테니 시설물로 채울 이유가 없다. 놀이터도 결국은 사회적·경제적 조건의 반영물이다.

SNS의 화려한 놀이터를 디자인한 회사 카브CARVE의 설립자인 엘거 브리츠Elger Blitz를 만나면서 사회적 변수를 좀 더 구체화할 수 있었다. 참고로 카브는 1997년 설립되었다. 2018년 그의 사무실에서 2시간가량 그의 디자인 철학을 들었다. 그는 밀도 높은 현대의 도시와 놀이터의 관계를 세심하게 이야기했다. 밀도 높은 도시에서 놀이터는 어린이들뿐만 아니라 모든 이들에게 숨구멍 같은 역할을 해야 한다. 그러다 보니 놀이터의 밀도도 높아질 수밖에 없다. 넓게 펼쳐질 수 없으니 수직으로 높이고 놀이를 유도하는 기능을 주렁주렁 달아야 한다. 카브의 상자 형태의 구조물 안에 놀이터널을 위아래로 쌓아 넣은 작품이나, 놀이터널을 길게, 높게 수직적으로 꼰 작품을 그때야 이해할 수 있었다. 설명을 듣기 전에는 어린이를 상자와 터널에 가두는 게 못마땅했었다. 밀도를 이야기하다

터널 형태의 놀이시설.
밀도 높은 도시공간에서 역동적인 활동을 유도하기 위한 디자인 수법이다.

보니 싱가포르가 떠오른다. 마리나 베이Marina Bay 놀이터에서는 시설물들이 최소한의 안전거리만 유지한 채 조밀하게 배치되어 있었다. 돌아서면 시설물이 있고 돌아서면 또 시설물이 있었다. 그 밀도에 익숙한 어린이들은 미로를 헤치며 놀듯이 시설물 사이를 헤집고 다니며 놀고 있었다.

　가장 자랑스럽게 여기는 작품을 소개해달라는 요청에 카브의 옐거 브리츠가 화려한 놀이터가 아니라 비록 작지만, 커뮤니티 공간의 역할을 충실히 하는 반 뵈닝겐 광장Van Beuningenplein을 소개한 것도 같은 맥락에서 이해할 수 있다. 큰 나무와 어우러지는 어린이들의 놀이공간, 청소년과 성인들의 공놀이 공간, 인라인스케이트를 탈 수 있는 공간, 바비큐 공간이 작은 공원 안에 짜임새 있게 구성되어 있었다. 모든 연령층에 대한

커뮤니티 중심인 암스테르담의 반 뵈닝겐 광장.
놀이터, 농구장, 작은 바, 자전거를 탈 수 있는 공간 등 모든 연령대를 고려하고 있다.

배려가 그 안에 있었다. 금요일 늦은 오후 방문에서는 바비큐 공간에서 열리고 있던 작은 파티를, 다음 날의 이른 아침 방문에서는 인라인스케이트장에서 거의 묘기에 가까운 자전거 타기를 선보이는 어린이들을 볼 수 있었다. 동네 놀이터의 정석이었다. 다시 또 암스테르담에 갈 수 있다면 근처에 숙소를 잡고 놀이터에서 일상을 보내며 현지인 놀이를 하고 싶다.

일본 도쿄에서도 현지인 놀이를 하고 싶은 놀이터를 발견했다. 2017년 2월 어느 토요일 오전 도쿄 스미가 구의 완파쿠 공원 입구, 공원 문이 열리는 10시를 기다리는 어린이들과 양육자들의 줄이 길었다. 눈 보기가 어려운 도쿄에서 눈썰매를 탈 수 있기 때문이다. 스미가 구와 야마가타 현은 자매결연을 맺었고 일 년에 두 번씩 교류 행사를 한다고 한다. 도쿄에서 5시간 떨어져 있는, 눈이 많이 오는 야마가타 현에서 눈을 공수해와 임시 눈썰매장을 만들고 공원 앞 광장에서는 야마가타 현 특산물 장터를 여는 이 축제는 이번이 25회째라고 했다. 축제를 보며 어린이들에게 특별한 겨울날을 선사해주는 건 '결국 디자인이 아니라 관계야'하면서 디자인 무용론을 말하지 않을 수 없었다.

완파쿠 놀이터는 눈이 오지 않는 기후의 한계를 관계로 극복했듯이, 날씨는 놀이터에 있어서 그리 중요한 변수가 아니다. 아주 따뜻한 싱가포르나 겨울이 매섭고 긴 스웨덴에서도 어린이들을 막을 수는 없다. 싱가

도쿄 완파쿠 놀이터.
이 눈썰매장은 도쿄에서 5시간 떨어진 야마가타 현에서 공수해온 눈으로 만들었다.

포르 놀이터에서 더위에 대한 대응이라곤 미끄럼틀마다 있는 그늘막이 다였다. 정크놀이터인 스웨덴 스톡홀름 롤리스 공원놀이터에서 한겨울의 늦은 오후에 만난 어린이들은 모두 바지와 윗도리가 연결된 점퍼 슈트와 긴 장화, 긴 장갑으로 철저하게 무장하고 하루의 남은 에너지를 모두 쓰고 있었다.

여름에도 뜨거워지지 않는 미끄럼틀, 덥지 않은 놀이터, 비를 맞지 않는 놀이터를 만들어달라는 말을 너무 많이 듣는다. 미끄럼틀을 그늘막으로 덮고 태양과 비를 피할 수 있는 공간을 만들며 최선을 다하지만, 우주의 섭리라 어쩔 수 없다. 너무 심하지만 않다면 햇빛도, 비도 놀이가 될 수 있는데 꼭 피해야 하는지 되묻고 싶지만 일사병과 감기라는 극단적 단어가 담긴 답변이 나올 게 뻔해 차마 내뱉지는 못했다. 하지만 우리나라보다 더 덥고 우리나라보다 더 추운 나라의 놀이터를 다니며 확신하게 되었고 설득의 말을 갖게 되었다.

영국의 100년 넘은 회사 셧클리프 플레이Sutcliffe play에서는 '사회화 socialising'라는 변수가 각인되었다. 회사 안마당에 이 회사 제품으로 구성한 작은 놀이터를 만들어 동네 어린이들이 마음대로 이용하도록 했다. 어린이들은 놀 수 있어 좋고, 직원들은 항상 자신들의 제품이 어떻게 사용되는지를 볼 수 있어 일석이조다. 이 놀이터에 놓인 시설물을 하나하나 설명하는 디자이너의 설명에서 빠지지 않는 단어가 '사회화'였다. 어떻게 하면 신체적 조건이 다른 어린이들이 함께 하나의 시설을 이용할 수 있는지에 대한 고민이 시설물 곳곳에 담겨 있었다. 최대 6명까지 탈 수 있다는 시소는 한쪽 끝 칸에는 손잡이가 있어 몸을 가누기 어려운 어린이나 유아가 탈 수 있게 되어있어, 다른 한쪽은 서서도 탈 수 있어 모험을 즐기고 싶은 어린이에게 적당하다. 가운데는 여러 명이 함께 앉을 수 있도록 넓게 비어있다.

놀이터 여행을 하며 당황하거나 실망했던 순간도 꽤 있었다. 파리에서는 급한 언덕의 경사를 과감하게 활용해 어린이들의 도전이 가능한 놀이터로 유명한 곳을 찾았는데 공사를 하고 있었다. 공사 감독을 하는 공무원은 놀이터가 너무 위험하다는 민원이 많아 새롭게 바꾸고 있다는 설명을 해주었다. 슬그머니 사라진 스타의 뒷이야기를 듣는 기분이었다. 바뀔 디자인도 깔끔하고 멋졌지만, 그 전의 디자인만큼 과감하지는 않았다. 많은 책에서 어린이들이 도전할 수 있어서 좋은 놀이터로 평가 받는 놀이터라 아쉽기도 하고 어른들의 놀이터를 보는 시선은 어디나 다르지 않다는 현실에 씁쓸하기도 했다. 단순한 기하학적 선과 빨간색의 고무포장이 인상적이라 SNS에서 유명한 네덜란드 헤이그의 놀이터는 막상 찾아가 보니 고무포장이 찢겨 여기저기 널브러져 있었고 고무포장과 함께 시설물도 떨어져 나갔는지 시설물이 있던 흔적만 있는 곳도 여럿 있었다. 빨간색 고무포장은 햇빛에 반응이 커 잘 쓰지 않는데, 디자인을 앞세우다 보니 이 놀이터에서는 과감히 사용했던 것 같다.

휴대폰의 지도 앱과 낯선 도시의 풍경을 연거푸 비교하면서 길을 찾다가, 왁자지껄하게 어린이들이 노는 소리가 들리면 반가운 마음에 놀이터를 향해 뛰었다. 천천히 걷던 어린이가 놀이터 몇 걸음 앞에서는 꼭 뛰어서 놀이터로 달려 들어가듯이 말이다. 아무도 없던 놀이터에 어린이들이 나타나 놀기 시작하면, 이방인을 위해 놀이터 사용법을 시연해주러 온

것 같아 너무나 반가웠다. 놀이터에서 만난 어린이들과 나눈 짧은 교감도 놀이터 여행이 주는 기쁨이었다. 네덜란드 로테르담의 한 어린이집 놀이터에서 만난 까만 머리와 까만 눈의 동양 어린이는 자신과 닮은 외모가 반가웠는지, 내 손을 잡고 놀이터 한쪽으로 가서는 죽은 나무에서 자라고 있는 버섯을 보여주었다. 비밀을 공유해준 것이다. 놀이터가 어떠하든 간에 어린이들은 놀이터를 완성했고 생명을 불어넣었다. 놀이터의 진정한 상수다.

어포던스,
숨기는 디자이너
찾아내는 어린이

푸르른 6월 일요일 오후의 정독 도서관 정원은 달콤하다. 책을 읽고, 천천히 산책하며 신록을 감상하고, 눈을 감고 봄과 자신이 만나는 지점에 머물고, 소곤소곤 대화를 나누고. 그렇게 달콤한 적막함을 유지하는 게 일요일 오후에 대한 예의일 것 같은데 '까르르 까르르' 경쾌한 웃음소리가 어디에선가 흘러나온다. 오래된 분수대에서다. 때가 일러 분수는 가동하지 않고 수조도 비어 있는데 어린이들은 신났다.

분수대 주변으로 몰려든 어린이들은 먼저 높이는 40cm, 폭은 50cm 정도 되는 분수대의 경계에 관심을 주었다. 누구는 경계 위를 걸었고 누구는 그 위에 엎드렸다. 그렇게 각자 자유롭게 놀다가 경계 위를 걷던 한 어린이가 바닥으로 뛰어 내려 경계 위 다른 어린이의 발목을 잡아당기면서 잡기 놀이가 시작되었다. 일순간 바닥은 술래의 공간이 되고 경계 위는 피하는 자의 공간이 되었다. 얼떨결에 도망하는 자가 된 어린이는 이리저리 피하다 도저히 피할 수가 없으면 바닥으로 뛰어내렸다.

　그렇게 한참을 놀던 어린이들이 어느새 보이지 않아 모두 집으로 갔나 했는데, 두 여자 어린이가 다시 나타나 경계를 의자 삼아 앉아 소곤소곤 이야기를 나누기 시작했다. 장난기가 발동한 한 남자 어린이가 둘 뒤로 몰래몰래 다가갔다. 멀리서 훔쳐보는 나까지 가슴이 콩닥거렸다. 성공할 것인가? 소년은 거의 등 뒤로 다가갔고 이제 '어흥'하며 놀라게 하면 되는데, 그만 들켜버렸다. 분수대가 말을 할 수 있다면, 허허 웃

작동하지 않는 분수대의 놀이 작동.
비어 있는 분수대의 수조가 때론 훌륭한 놀이터가 될 수 있다.

으며 "그래 마음대로 실컷 가지고 놀아라. 대신 원래 있던 대로만 둬!" 라고 할 것 같다.

　어린이들로서는 분수의 본디 기능에 연연하지 않고 분수의 조형적 형태를 직관적으로 활용했다고 할 수 있다. 또 분수대의 입장에서는 분수대의 어떤 물리적 성질이 어린이들의 활동을 지원했다. 어린이와 분수, 사람과 물리적 환경 간의 상호작용 덕분에 분수대 일대는 순간 좋은 놀이터가 되었다.

분수대의 경계는 선으로서 균형 잡기를 지원했고,
분수대의 경계는 면으로서 엎드리기를 지원했고,
지면보다 낮은 분수대의 바닥은 뛰어내리기를 지원했고,
지면보다 높은 분수대의 경계는 앉기를 지원했고,
분수대의 하부 공간은 숨기를 지원했고…

이러한 현상을 '어포던스affordance'라는 개념으로 설명할 수 있다. 우리나라 말로 '지원성, 행태 지원성, 행동 유도성' 등으로 번역할 수 있는 '어포던스'는 미국 생태심리학자인 깁슨James J. Gibson이 'afford'라는 동사를 명사화시켜 새롭게 조어한 단어다. 그는 1979년 발표한 「The ecological approaches to visual perception」이라는 논문에서 이 개념을 처음 소개했다. 어포던스는 인간을 둘러싸고 있는 환경이 제공하고 자극하는 모든 것이고 우리는 환경에 잠재된 어포던스를 지각한다. 어포던스를 지각한다는 것은 우리가 환경과 어떻게 상호작용할지를 정하는 것이기도 하다.

'지금 여기'에 존재하는 어린이들은 어떠한 사회적 해석 없이 환경의 어포던스를 지각하고 반응하여 환경에 잠재적 어포던스를 현실화시킨다. 어른들은 분수대의 경계에서 앉는 정도만으로 잠재된 어포던스를 지각하여 활성화하지만, 어린이들은 다르다. '걷기'와 '뛰어내리기', '눕기'라는 행위로 모든 잠재적 어포던스를 몸으로 현실화시킨다. 또 어린이들은 어포던스를 있는 그대로 현실화시키는 것에서 끝나지 않고 잡기놀이, 술래잡기, 뛰어내리기 경쟁 등으로 끝없이 확장시킨다.

놀이터에 삼각뿔 형태의 구조물을 놓은 적이 있다. 이 삼각뿔이 어떤 활동을 지원할까. 이미 성인인 나의 친구들은 아래와 같이 상상력을 발휘해주었다.

1. 삼각뿔을 안과 밖으로 나누어 놀이하기. 이쪽은 해방된 공간, 저쪽은 감옥
2. 삼각뿔의 뾰족한 모서리를 따라 걸어 올라가다 정상에서 반대편에서 걸어오는 사람과 만나면 손바닥 치기로 상대방 넘어뜨리기
3. 삼각뿔 꼭짓점에 서서 제자리 멀리 뛰기
4. 술래잡기할 때 숨는 용도로 활용하기

어쩌면 어린이들도 이렇게 놀 수 있겠다. 다만 내가 현장에서 만난 장면은 달랐다.

1. 삼각뿔에 기대어 마주 보고 웃기
2. 삼각뿔에 기대어 오락하기
3. 삼각뿔을 뛰어넘기
4. 삼각뿔의 모서리에 몸의 중심을 맞추어 앉기

그네, 시소, 미끄럼틀 같이 노는 방식이 정해져 있고 단일한 기능을 갖는 놀이시설물을 놓기보다는 어포던스의 관점에서 놀이터를 디자인하려 한다. 어른들은 "저건 뭐에 쓰는 거예요?"라며 효용성을 묻지만, 어린이들은 몸으로 "이렇게 놀면 돼요"라고 보여준다. 내가 숨겨둔 보물을 어린이들이 찾아주어서 고맙다. 보물찾기 놀이에 재미 들려 어떤 사물이, 구조물이, 공간이 어떤 활동을 지원afford할지 머릿속에서 끝없이 시연하면서 놀이터를 디자인하지만, 어린이를 따라잡을 수는 없다. "어떻게 저기서 저렇게 놀 수 있지?"라며 매번 놀란다. 그렇게 그들은 나도 모르는 보물을 찾아준다.

내가 숨겨둔 것이 보물인 줄 알았는데 위해 요인일 때도 있다. 삼각뿔은 어린이들한테는 좋은 놀이 요소였지만 키가 큰 어른들의 시야에는 들어오지 않아 그 앞에서 많은 어른이 넘어졌다. 뛰어놀기를 상상하며 만든 놀이언덕에서 자전거를 타며 가속을 즐기는 어린이를 보고 가슴을 쓸어내린 적도 있다. 이 정도 각도의 언덕에서는 미끄럼을 타기도 하고 눕기도 하고 오르기도 할 거라고 기대하며 작은 언덕을 만들었는데, 너무 경사가 밋밋해서 재미없다는 어린이들의 불만을 받을 때도 있다.

섬세한 보물찾기 놀이를 준비하기 위해, 놀이터에서, 길에서, 카페에서 밖을 보다가도 어린이들만 있으면 그들이 어떻게 환경에 잠재된 어포던스를 찾아내는지 관찰한다. "오! 저렇게 각자 기둥을 안고 뱅글뱅글 돌면서 논단 말이지", "자! 그럼 다음번에 아무도 상상하지 못할 방법으로 보물을 숨기겠어!"

어린이들의 삼각뿔 활용법.
어린이들은 몸으로 "이렇게 놀면 돼요"라고 보여준다.

무서운 건 괜찮은데,
다치는 건 안 돼요

"흔들다리가 무서운 건 괜찮은데, 다치는 건 안 돼요."

서울 중랑구의 놀이터를 디자인하는 과정에서 만난 은호의 발언은 놀이터에서의 안전을 이해하는 데 있어 나침판이 되었다. 발언을 풀어보면 "흔들다리에 올라갔을 때 많이 흔들거리거나 그물로 된 다리 아래로 바닥이 보이면 무섭지만 재미있어서 좋다. 하지만 그물에 크게 구멍이 있거나 나사가 단단히 고정되어 있지 않아 갑자기 발이 그물 아래로 빠지거나 바닥으로 떨어지면 다칠 수 있어서 안 된다"는 것이다. 은호의 바람과는 달리 놀이터에서 만난 많은 어른들은 흔들다리가 '위험해 보인다'며 바닥도 보이지 않게, 흔들리지도 않게 해달라고 요구한다.

놀이터는 위험해지는 도시로부터 어린이를 지키기 위해 발명되었지만, 어린이는 놀이터에서도 다친다. 조금 긁히거나 타박상 정도로 끝날 수도 있지만 가끔은 사망에 이를 만큼 치명적이라 놀이터가 늘수록 예방이 필요해졌다. 가장 빈번한 사고의 원인을 찾아내 놀이기구 디자인에 반영하면서 안전기준이라는 게 만들어졌다. 현재는 미국의 ASTM 1487과 유럽의 EN 1176이 표준으로 사용되고 있다. 공공놀이터를 조성하는 정부나 놀이기구 제작사는 어린이 안전에 대한 우려도 있지만 사고 발생 시 책임을 덜기 위해서라도 안전기준을 철저히 지킨다. 특히 소송 사회인 미국에서는 사고가 발생했을 때 안전기준이 놀이기구 제작회사의 면책 근거가 된다.

우리나라에서는 2007년 '어린이놀이시설 안전관리법'이 만들어졌고, 2015년부터 본격 시행되고 있다. 이 법에 따라 제시된 놀이기구의 규격 및 설치 방식 기준을 맞추지 못하는 놀이터는 폐쇄된다. 유럽과 미국, 일본의 기준을 참고하여 작성된 안전기준은 아주 세세하다. 그네의 경우 그넷줄의 종류, 정지되었을 때 좌석의 높이, 비워두어야 할 그네 앞뒤 공간의 크기 등등. 미끄럼틀도 시작 지점과 도착 지점의 높이, 경사도 범위 등등 세부적 기술기준이 정해져 있다. 낙하사고 방지를 위해 놀이터의 바닥 포장은 고무포장이나 모래처럼 충격을 흡수하는 포장재여야 하는데 놓이는 기구의 높이에 따라 포장의 깊이는 달라진다. 우리나라에는 이 법을 제외하고는 놀이터와 관련된 여타의 법이 없다 보니, 안전기준은 놀이터 디자인을 좌지우지하는 강력한 변수가 된다.

그런데 최근 안전 중심의 엄격한 기준으로 놀이터가 재미없어진다는 불만이 많다. 우리나라만 그런 건 아니다. 스웨덴에서 만난 공무원이 안전기준 때문에 놀이터가 재미없어진다고 불평해서 의외였다. 스웨덴을 비롯해 북유럽은 우리나라보다 어린이들의 놀이에 대해 훨씬 허용적이라고 믿어 왔기 때문이다. 그렇다면 재미를 조금 포기하더라도 안전기준을 철저히 지키면 안전한 놀이터가 될까? 덴마크의 놀이터를 디자인하는 조경가 헬레 네벨롱Helle Nebelong은 반박한다.

나는 표준화된 놀이터가 다른 의미에서 더 위험하다고 확신합니다. 오르기 그물이나 사다리의 가로대 사이의 거리가 정확히 같을 때 어린이는 발을 어디에 둘지 집중할 필요가 없습니다. 놀이가 단순화되고 어린이가 자신의 움직임을 걱정할 필요가 없으므로 표준화는 위험합니다.[30]

놀이의 재미도 없애고, 안전도 담보하지 못하는 안전기준에 대한 문제 제기는 영국에서도 꾸준히 있었다. 2002년에는 시민사회가 중심이 되어 여러 국가 기관과 함께 'Managing Risk in Play Provision: A position Statement'라는 선언문을 발표했다. 이 발표에서는 어린이가 새로운 경험에 도전하며 스스로 자신의 역량을 개발할 수 있도록 하는 것과 어린이를 안전하게 지키는 것 사이의 균형을 강조한다. 무서운 건 괜찮은데 다치는 건 안 된다는 은호와 발언과 일치한다.

2008년 위에서 언급한 선언의 실천방안으로 'Managing Risk in Play Provision: Implementation Guide'가 만들어졌다. 이 가이드라인에서는 놀이터에서의 위험을 보는 철학과 지금의 수치 중심의 안전기준의 한계를 보완할 수 있는 평가 방식을 제안하고 있다. 가이드라인은 위험risk, 위해요인hazard, 손상harm의 의미를 따지는 것에서부터 시작한

---

30 2002년 'Designs on Play' 콘퍼런스 기조강연 중의 일부, freeplaynetwork 웹사이트, 2021년 12월 19일, www.freeplaynetwork.org.uk/design/nebelong.htm

어린이들은 어떻게 해서라도 모험을 즐긴다.
오히려 적극적으로 모험을 자극하는 요소를 놀이터에 두는 게 더 안전할 수 있다.

다. '위험'은 가능성을 나타낸다. 부정적 결과뿐만 아니라 긍정의 가능성도 포함한다. 우리가 살면서 만나는 위험을 피하지 않고 기꺼이 감수하고 잘 이겨내면 오히려 성장하듯이, 놀이터에서의 위험도 마찬가지다. 그러므로 위험과 위험이 주는 유익benefit 간의 균형이 중요하다. '위해요인'은 손상의 잠재적 원인을 말하고, '손상'은 부상, 상처를 말한다. 놀이터에서는 손상을 가져다줄 위해요인을 가능한 한 없애야 하지만 불가능한 일이

다. 손상 정도의 차이가 있을 뿐 세상은 위해요인으로 가득 차 있기 때문이다. 계단을 오르고 내리면서도, 문을 여닫으면서도 다칠 수 있다. 그러므로 어린이는 놀이터에서라도 스스로 자신을 지키고 대응하는 법을 배워야 한다.

가이드라인에서는 위험과 위험이 주는 유익 간의 균형을 이끄는 평가방식risk-benefit assessment을 여러 가지 사례를 들어 설명하고 있다. 그중의 하나인 어린이들이 오르며 노는 큰 나무 평가 사례를 요약해보자. 먼저 나무 오르기를 허용했을 때 예상되는 일반적 위험과 유익을 분석한다. 자연과의 교감이나 모험의 기회를 주지만, 오르면서 나무에 피부가 긁힐 수도 있고 떨어져 다리를 다칠 수도 있다. 게다가 나무가 성장하는 데도 좋지 않다. 이렇게 위험과 유익 평가가 이루어진 후에는 현장에서 주민, 공무원, 전문가는 함께 나무의 상태며 동네에서 오를 수 있는 다른 나무가 있는지도 살피고 다른 지역에서는 어떤 결론을 냈는지도 조사한다. 그리고 분석과 조사 내용을 종합하여 다음과 같이 여러 대안을 제시하고 장단점을 따진다.

대안 1. 나무를 그대로 두고 올라가기를 허락한다.
대안 2. 약한 가지를 쳐낸 후 올라가기를 허락한다.
대안 3. 올라가는 것을 막기 위해 나무를 베거나, 낮은 가지를 쳐낸다.
대안 4. 교육과 강제를 통해 어린이가 나무에 올라가는 것을 막는다.
대안 5. 어린이 스스로가 판단할 수 있도록 어린이와 함께 나무의 강도
　　　와 가지의 안전을 이야기한다.

평가 1. 수목 조사, 교육 또는 집행 조치에는 모두 금전적 지출이 따른다.
평가 2. 약한 가지를 쳐내면 나무 오르기에 유리하다는 신호를 보내게 되
　　　어 오히려 사용을 부추기고 장려할 수 있다.
평가 3. 강제 금지는 아이들을 적대시하는 것을 의미하고 가능하지도 않
　　　다. 결국, 어린이들은 다른 곳에서 나무에 오르거나, 더욱 바람직

하지 않은 행동을 할 수 있다.

대안 검토 이후에는 최종적 '위험-유익 평가'가 이루어진다. 이 사례에서는 많은 어른이 어린 시절 나무에 오르며 놀았듯이 오늘날의 어린이들도 나무에 오르는 즐거움을 가질 수 있도록 오르기를 허용하되, 부상으로 연결될 수 있는 위험은 지속해서 관리하는 것으로 최종 결론을 낸다. 이후에는 지역사회에 결정의 과정과 결과를 알리는 단계를 갖도록 제시하고 있다.

우리도 안전한 놀이터와 모험심을 자극하는 놀이터 사이에서 균형을 찾아야 한다. 영국의 가이드라인이 정답은 아닐 수 있지만 참조할 수 있는 몇 가지 시사점은 뽑을 수 있다. 어린이 놀이에 대한 이해를 기초로 하는 안전기준의 철학, 수치를 기계적으로 적용하는 평가가 아닌 다차원적이고 협력적 평가. 어린이들이 자신을 실험하며 성장하는 놀이터를 만들기 위해 서로 소통하며 책임을 나눠지는 태도. 이쯤 돼야 은호도 만족하게 할 수 있을 것이다.

영국에 최초로 모험놀이터를 도입하고 확산에 평생을 바친 영국 놀이터 대모 매저리 알렌은 보이는 안전만을 챙기는 어른들에게 따끔하게 한마디 했다. 우리도 한 번 들어보자.

"부러진 영혼보다 부러진 팔이 낫다Better a broken arm than a broken spirit."

통합놀이터에 대한
나의 질문,
당신의 질문

"왜 명칭이 굳이 통합놀이터인가요?" 2014년 장애인 운동, 도시 운동, 유니버설 디자인과 관련된 단체, 조직과 '통합놀이터만들기네트워크'를 꾸리고 통합놀이터 운동을 시작했을 때, 주변에 많이 던졌던 질문이다. '무장애놀이터'나 '장애인놀이터'가 직관적으로 의미를 더 잘 전달할 수 있지 않겠냐고, 앞의 말들이 너무 직설적이라면 '함께 놀이터', '어울림 놀이터' 같이 예쁘고 따뜻한 느낌이 전달되는 단어를 새롭게 조어해도 되지 않겠냐고 제안도 했다.

나뿐만 그런 건 아니다. 영어로는 'Inclusive Playground'인 '통합놀이터'라는 단어를 처음 접하는 많은 이들이 단어가 지향하는 바를 잘 전달하지 못한다고 한다. 또 '통합'이라는 단어를 장애와 비장애와의 '통합'만으로 한정시키는 것도 이해되지 않는다고도 한다. 세대의 통합, 종교의 통합, 인종의 통합도 있지 않느냐는 것이다. 장애인 운동을 오랫동안 해온 분들의 도움을 받아 장애인 운동과 복지의 역사를 공부하면서 통합놀이터라는 단어가 갖는 의미를 제대로 알게 되었다.

장애인과 비장애인이 함께 교육 받고, 함께 살고, 함께 놀고, 함께 노동해야 한다는 장애인의 사회적 통합은 장애인의 탈시설화 사회 운동과 함께한다. 1960년대 이후, 치료와 재활을 위해 설립된 시설에 분리되어 생활하던 장애인들이 지역사회로 나와 살게 되면서 자연스럽게 장애인의 사회 통합이 관심을 받게 되었다. 사회 통합을 이루는 방법은 미시적일 수도 있고 거시적일 수도 있다. 장애인 개인에게 초점을 맞춰 개인의 노력으로 사회 내에서 자신의 역할을 회복해야 한다고 보는 건 미시적이다. 반면 장애인의 사회 통합이 가능하도록 사회의 구조나 신념, 규범 등을 변화시켜야 한다고 거시적으로 말할 수도 있다. 통합놀이터에서 구현하고자 하는 방식은 후자다. 차별적인 사회 환경을 바꾸는 것이다.

통합놀이터에 대한 나의 질문은 여기서 끝나지 않았다. 외국의 어떤 글에서 본 "통합놀이터는 '못하는disable'이 아니라 할 수 '있게 하는enable' '가능성'에 초점을 맞추어야 한다"는 말을 완전히 이해하지 못했다. 장애인에서 '장애'라는 단어에 익숙했기 때문에, '가능성'이라는 말이 잘 와닿지 않았다. 그리고 디자인으로 어떻게 가능성을 구현할 수 있지? 막막했다. 한 초등학교 운동장에 통합놀이터를 만들고 모니터링 하면서 그 말을 이해할 수 있었고 디자인적 해법도 어느 정도 확인했다.

놀이터 디자인을 발전시키는 과정에서 휠체어 이용자가 휠체어를 탄 채 놀이구조물의 어디까지 접근할 수 있도록 해야 하는지 정해야 하는 문제에 부딪혔다. 구조물 주변의 지형을 올려 휠체어를 탄 채 시설물 앞까지는 접근할 수 있도록 했지만, 시설물에 오르기 위해서는 휠체어에서 내려야만 했다. 대신 구조물에 오르는 시작점을 휠체어 높이로 높이고 면적도 넓혀 휠체어에서 바로 옮겨 탈 수 있도록 했고 손잡이도 설치해 구조물로의 이동을 쉽게 했다. 또 앉아서 이동하는 어린이의 신체를 고려해 구조물 위로 오르는 계단의 폭과 높이를 정했다. 휠체어 높이에 맞춘 높고 넓은 시작점과 손잡이, 계단을 묶어서 옮겨타기 시스템transfer system[31]이라고 부른다.

옮겨타기 시스템을 설치해서 가능성은 열어두었지만, 마음속으로는 의심했다. 과연 이용하는 어린이가 있을까? 휠체어에 내려서 놀이구조물에 오르려 할까? 그런데 그 가능성이 실현되었다. 놀이터 개장 후 놀이 관찰을 진행한 이로부터 휠체어를 이용하는 태우가 휠체어에서 내려 손잡이와 바닥을 손으로 짚으며 시설물 끝까지 올라갔다는 소식을 들었다. 여기에는 친구들의 역할도 컸다고 한다. 태우의 신체적 특성을 잘 아는 친구들은 여기를 짚어라, 다음에는 저쪽을 짚어라, 하면서 자신의 경험과 태우의 역량을 결합해 팁을 주었다고 한다. 태우도, 친구들도 휠체어를 타야 하는 한계가 아니라 어떻게, 어디를 짚으면 놀이터의 가장 높은 곳까지 올라갈 수 있는지 '가능성'에 집중했다.

스스로의 질문뿐 아니라 외부로부터 받는 질문도 많다. 통합놀이터를 짓자고 하면 '그 동네에 장애어린이가 몇 명 있어요?'라고 묻는 이들이 있다. 또 지었다고 하면 '몇 명의 장애어린이가 이용하나요?'라는 질문도 받는다. 휠체어를 탄 채 탈 수 있는 그네, 시소가 있다고 휠체어 이용 어

---

31 옮겨타기 시스템은 옮겨타기 플랫폼(Transfer Platforms), 옮겨타기 계단(Transfer Steps), 옮겨타기 손잡이(Transfer Supports)로 구성된다. U.S Access Board(2005), *Accessible Play Area: A Summary of Accessibility Guidelines for Play Areas*.

옮겨타기 시스템의 사용 예시.
휠체어 높이에 맞춘 높고 넓은 시작점과 손잡이, 계단을 묶어서 옮겨타기 시스템이라고 부른다.

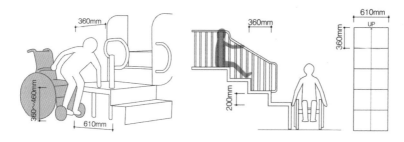

옮겨타기 시스템의 규격.
미국의 'Accessible Play Areas'에서 제시한 규격이다.

린이들의 방문이 많을 것이라고, 혹은 발달 장애가 있는 어린이들이 사용할 수 있도록 감각놀이시설물을 설치한다고 그들의 이용이 많을 것이라고 말하기는 어렵다. 통합놀이터 운동을 함께 하는 시민단체 무장애연대의 김남진 국장이 늘 말하는 것처럼, 선택의 결과로 이용하지 않는 것과 선택의 여지도 없는 것은 다른 문제다. 휠체어를 탄 채 탈 수 있는 그네가 있더라도 장애어린이가 그네를 타지 않을 수 있다. 하지만 어느 곳에도 자신들이 탈 수 있는 그네가 없는 건 차별적이다. 더 본질적으로는 앞서 언급한 시설물들은 장애어린이만을 위한 시설도 아니다. 장애가 없더라도 즐길 수 있다. 내가 글에서 휠체어 그네, 휠체어 시소라고 칭하지 않고 굳이 휠체어를 탄 채 탈 수 있는 그네·시소로 언급하는 것도 장애인 전용으로 의미가 전달되지 않았으면 하는 바람이 커서다.

우리나라 첫 번째 통합놀이터인 어린이대공원 꿈틀꿈틀 놀이터에 카시트형 그네와 바구니 그네를 설치했다. 카시트형 그네는 그네 의자에 몸을 고정할 수 있는 벨트가 있어서, 바구니 그네는 누워서 탈 수 있어서 몸을 가누기 어려운 장애어린이한테 적합하다. 그러나 비장애어린이들의 반응도 폭발적이었다. 혼자 그넷줄을 잡기 어려운 유아들은 카시트형 그네에서는 부모한테 안기지 않고 혼자서 그네를 탈 수 있어서 좋아했고, 바구니 그네는 여럿이서 함께 탈 수 있어서, 누워서도 탈 수 있어서 좋아했다. 또 꿈틀꿈틀 놀이터에서는 휠체어를 탄 채 이용할 수 있도록 높이를 높인 모래테이블도 비장애어린이의 놀이를 확대했다. 키 작은 동생은 서서, 키 큰 누나는 앉아서 함께 눈높이를 맞추어 노는 모습을 보면서 반가웠다. 어린이들이 자신의 능력과 특성에 맞게 그리고 그 차이를 넘어 친구들과 함께 노는 것이 바로 통합놀이터가 궁극적으로 추구하는 바다.

이렇게 나에게 통합놀이터를 만든다는 건, 무수한 질문과 마주하는 일이다. 어떤 질문은 스스로 답을 찾았고, 어떤 질문은 주변의 도움을 받아 해결했다. 어떤 질문은 애초부터 질문이 아니었다. 무신경과 심리적 저항일 뿐이었다. 과거의 나는 "장애인을 배려해서 턱이 없는 회전무대를 만들었다"처럼 '배려'가 들어간 문장은 부적절하다는 지적에 "왜?"라고 되물었다. 내 중심적 사고였다. 권리를 찾는 일인데 나의 배려 여부에 달린 일이라고 착각했다. 무신경해도 되었던 당연한 세계를 부정해야 다른 세계로 들어갈 수 있는데 저항감이 컸고 저항감은 질문의 형태로 **표현되**었다. 어린이들은 나와는 달랐으면 한다. 동네의 작은 놀이터에서 구현해 낼 수 있는 통합의 세상은 그리 대단하지 않지만, 통합놀이터에서 놀며 자란 어린이들은 나보다 저항감도, 질문도 적을 것이라고 믿는다. 자신의 학급에 휠체어를 타는 친구가 있고 이 친구와 놀이대에 함께 오르며 놀던 기억을 갖는 어린이가, 머리로만 따지는 나와 어떻게 같겠는가?

무장애놀이터가 아닌 통합놀이터.
휠체어 이용 어린이가 틸 수 있는 회전무대. 몸을 가누기 어려운 어린이들이 독립적으로 탈 수 있는 카시트형 그네와 바구니 그네. 통합의 가치를 담는 놀이시설물은 모든 어린이를 위한 것이기도 하다.

모래포장이냐
고무포장이냐가 아니라
루즈파트

"놀이공간의 포장재로 고무포장(푹신한 고무 재질의 바닥포장)과 모래 중에 어떤 것을 선택해야 할까요? 전문가로서 의견을 주세요!" 놀이터를 이야기하는 자리에서 가장 많이 듣는 질문이다. 놀이시설 안전기준에 따라 바닥은 탄성이 있는 포장재를 깔아야 하는데, 현재 현실적으로 국내에서 사용 가능한 포장재는 모래 아니면 고무포장이다. 이 둘 중의 선택을 두고 마을에서는 갈등이 일기도 한다. 몇 년 전 어느 지역에서는 모래포장이 비위생적이라 자녀를 놀게 할 수 없다며 모래포장 대신 고무포장을 깔아달라는 민원이 한 국회의원에게 접수되었다. 동네에 유일한 놀이터이다 보니 주민들에게는 절실한 문제였다. 민원을 받은 초선 국회의원은 열정적이었다. 놀이터에서 현장 주민회의를 열었고 나는 전문가로서 회의에 참석했다. 내가 솔로몬도 아니고 참 난감한 상황이었다.

고무포장에는 문제가 많다. 우선 포장재에서 나오는 유해물질. 최근에는 법의 강화로 유해성 기준을 벗어나면 설치할 수 없지만, 한여름 포장에서 풍기는 화학 냄새를 맡으면 심리적으로 불안하다. 설계자로서는 비싸서 꺼리게 된다. 2022년 봄 현재 가격으로 1m²당 15만 원 정도 되다 보니 어떤 현장에서는 고무포장이 공사비 대부분을 차지하게 된다. 깔 때만 비싼 게 아니라 폐기물 처리비도 만만치 않고 환경적 문제도 크다.

모래는 좋은 놀잇감이지만 안타깝게도 모래를 선호하는 주민은 거의 없다시피 한다. 한 놀이터가 개장하는 날 어느 엄마는 자녀들한테 "오늘이 모래놀이 마지막이다"라며 모래놀이를 허락했다. 개장 이후에는 고양이나 개의 배설물로 모래가 더러워질 테니 놀면 안 된다는 의미가 담겼다. 우려를 넘어 실제 모래에서 동물의 배설물이 발견되기도 한다. 또 많은 보호자는 어린이 몸이나 옷이 더러워져 선호하지 않는다. 놀이터 주변 주민들은 모래가 바람에 날려 실내로 들어온다고 꺼린다. 어린이 몸에 묻은 모래가 아파트 복도에 떨어져 싫다는 주민도 있다. 휠체어를 이용하거나 보행에 어려움이 있는 장애인은 이동이 어려워 통합놀이터 측면에서도 한계가 있다.

주민들은 전반적으로 고무포장을 선호하지만 대놓고 드러내지 못하는 경우가 많다. 어린이가 아니라 어른의 입장만 주장한다고 보이기 때문이다. 시흥의 한 동네에서는 둘 중 하나를 선택해야 하는 주민회의에서 한 주민이 강력하게 모래의 중요성을 피력했다. 독일에서 오랫동안 사셨다는 그분은 독일에서 본 놀이터 바닥은 모두 모래였다는 경험도 덧붙이셨다. 선진적이고 합리적인 나라로 인식되고 있는 독일에서 그렇다니 고무포장을 주장하는 분들은 말을 아낄 수밖에 없게 되었다. 하지만 그분이 먼저 워크숍 자리를 뜨자 상황은 반전되었다. 남아있는 주민 전원 고무포장을 선택했다.

어린이들은 어떨까? 구성놀이를 즐기는 유아와 저학년의 아이들은 모래에서 하염없이 논다. 세계 최초의 놀이터가 모래밭인 거에는 다 이유가 있다. 하지만 성장할수록 구성놀이에서 멀어지는 만큼 모래에 대한 선호도도 떨어진다. 자기 생각인지 부모의 영향을 받아서인지는 모르겠지만, 몸과 옷이 더러워져 싫다는 아이도 있고, 신발에 모래가 들어가면 뛰어놀기 어려워 싫다고도 한다.

이런저런 사정을 다 알기에 모래냐 고무포장이냐는 질문에 어느 하나를 선택해서 제안하지 않는다. 나는 고무포장과 모래의 장단점을 설명하고, 현명한 모래 관리 사례도 소개한다. 어린이날 안산의 한 마을에서 이루어진 '아빠와 함께 하는 보물찾기' 행사에서 주최 측은 선물을 모래 안에 숨겼고 주민들은 선물을 찾고야 말겠다는 굳은 의지로 모래 놀이 공간을 헤집었다. 그 과정에서 자연스럽게 청소가 이루어졌고 뭉쳐있던 모래를 흩트리고 위아래도 뒤섞으면서 햇빛에 소독시켰다. 설명 이후에는 대안으로 바닥포장은 고무포장으로 하되 모래놀이 공간을 별도로 둔다거나 고무포장과 모래를 섞어 사용하는 건 어떠냐는 제안을 하고 결정을 기다린다. 결국은 그들의 공간이기 때문이다. 당신의 집안으로 모래가 날려도 어린이를 위해서 감내하라고 강요할 수는 없다. 아무리 모래가 좋다지만 주민들이 어린이들을 안 보내면 헛일이다.

둘 중의 하나를 고르는 대결적 논의를 생산적인 방향으로 바꾸어야 한다. 모래를 루즈파트 놀이Loose Parts Play라는 관점에서 봐야 한다. 영어 '루즈파트'는 여러 가지 방식으로 움직이고, 옮기고, 정렬하고, 결합하고, 분해하고, 재결합할 수 있는 재료를 말하고, 이를 가지고 노는 놀이가 루즈파트 놀이다. 실, 단추, 천 쪼가리, 종이컵, 페트병 뚜껑, 과자 부스러기, 나무 블록 등 다양한 재료가 쓰일 수 있다.

자연이 좋은 건 보이는 것 모두가 온통 루즈파트이기 때문이다. 덕분에 어린이는 자연에서 발견자가 되고 창조자가 된다. 어린이집 놀이 시간에 산으로 놀러 나온 다인이는 나뭇가지로 흙을 파다가 어느 순간 모인 흙 한가운데 나뭇가지를 꽂고, 유진이는 돌멩이를 줍고 또 주워서 일렬로 줄을 세운다. 성현이는 나뭇가지를 주워 바닥에 떨어진 낙엽을 모았다 흩트리기를 반복한다. 산을 가로지를 테세다. 수아는 넓은 플라타너스 잎에 흙을 담아 신중하게 큰 바위 위로 옮겨 붓는다.

모든 게 견고한 도시에서 어린이들이 마음대로 할 수 있는 건 거의 없다. 건드려서도 만져서도 안 된다. 세상에 관여할 수 없다. 하지만 루즈파트 놀이에서는 거칠 게 없다. 어린이들은 누구의 통제나 주의도 없이 이리저리 흙과 돌을 만지고 움직이며 모든 감각으로 흙과 돌의 성질을 집요하게 파악한다. 산속을 걷다 빈터에 쌓인 나뭇가지를 만나게 되면 어린이들이 한바탕 신나게 세상과 교감했던 흔적이므로, 경건한 마음으로 감상할 일이다.

놀이터에 모래 공간이 없어도 어린이들은 귀신같이 루즈파트를 찾아내 논다. 바닥에 깔린 벽돌과 벽돌 사이에 난 작은 홈의 흙을 파며 놀기도 하고, 놀이터 주변의 녹지공간에 들어가 나뭇잎, 개미와 논다. 그래서 나도 전략을 바꿨다. 주민들이 반대하면 굳이 모래공간을 두지 않지만 대신 놀이터 주변 녹지공간에 징검목 몇 개를 놓는다. 징검목을 따라 비록 초라하고 작은 자연이지만 어린이들은 그곳에 들어가 흙을 파고 가을 날 떨어진 나뭇잎을 만지며 놀 것이다. 내가 숨긴 비밀을 그들은 찾아낼 것이라는 걸 믿는다.

어린이들의 루즈파트 놀이 흔적.
여러 가지 방식으로 움직이고, 옮기고, 정렬하고, 결합하고, 분해하고,
재결합할 수 있는 자연은 그 자체로 훌륭한 놀이터다.

하지만 더 당당하게 어린이들이 루즈파트 놀이를 할 수 있는 자연을, 어린이들이 발견하고 창조할 수 있는 자연을, 이 견고한 도시에 더 많이 넣을 수 있기를 소망한다.

자연을 찾아내는 어린이들.
어린이들은 작고 초라한 자연이라도 그곳에서 기꺼이 탐색하고 창조한다.

어린이와
함께 만드는
놀이터

최근에는 어린이 참여디자인이 당연하게 여겨지고 있지만 몇 년 전까지만 해도 클라이언트한테 어린이 참여를 제안하면, 대부분 "뭐 그렇게까지"라는 반응을 보였다. 그리고 의심이 가득 담긴 질문이 뒤따랐다. "시간과 비용이 많이 들 텐데, 써먹을 게 나올까요?" 반면 어린이 참여가 무엇보다 중요한 이들은 가능한 한 디자인상의 모든 의사 결정을 어린이들과 함께 내리기를 원하고 디자인이 끝난 후에는 디자인에서 어떤 부분이 어린이들의 아이디어인지 구분해달라고 요청했다.

회의적인 질문과 어린이 참여를 만능으로 보는 입장에서 나오는 요청, 그 극단의 반응 모두에 명쾌하게 대응하기 어려웠다. 회의적인 질문에는 "어린이 참여는 꼭 해야 합니다. 어린이들은 창의적입니다"라고 주장하는 게 스스로 껄끄러웠고, 기대가 높은 요청에도 무조건 호응하기 어려웠다. 돌이켜보면 나 스스로 어린이 참여에 확신이 없었고 참여 과정을 잘 이끌지도 못했다.

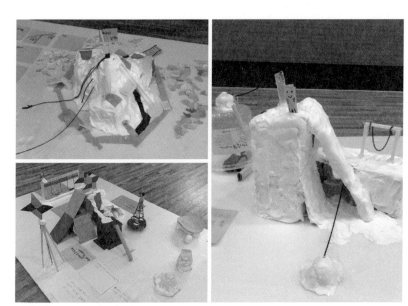

세 개의 상자와 지점토, 색종이로 만든 놀이언덕.
창의적인 질문을 던질 때, 창의적인 답을 얻을 수 있다. 어린이들은 미처 예측하지 못한 결과물을 아주
자연스럽게 만들기도 한다.

경험이 적을 때는 어린이들과의 워크숍과 활동이 마냥 즐거웠다. 어린
이의 말, 그림, 반응, 모든 게 신기했고 의미 있게 다가왔다. 그러나 반복
될수록 의심이 들었다. 원하는 놀이터를 그려달라는 요구에 어린이들은
테마파크에서나 봄직한 놀이터나 자신이 경험한 놀이터를 그리기 십상이
었다. 어른들이 생각하는 것처럼 창의적인 아이디어는 없었다. 설계안을
보여주며 의견을 물을 때에도 신선한 반응을 얻지 못했다.

오래 지속한 의심의 시간을 끝내준 이들은 놀이터를 디자인하는 건축
가 지정우 소장과 도시정책연구자 정수진 박사였다. 나의 의심이 정당한
지를 확인받기 위해 만든 자리에서 지정우 소장은 "어른들이라고 참여를

잘 하나요"라고 되물었다. 맞다. 어른들은 어린이보다 질문의 의도는 잘 이해하지만 생각의 경로가 굳어있어 새로운 의견을 듣기 어렵고, 전문적 정보는 부족하면서 자기 생각은 뚜렷해 유연한 소통이 되지 않는 경우가 많다. 정수진 박사는 "결과물에서 어린이들의 아이디어를 구분해내는 게 무슨 의미가 있을까요? 디자이너의 개입이 문제가 될까요"라고 되물었다. 디자이너와 어린이들은 서로 영향을 주고받으며 결과물을 만들어낸다는 의미였다. 이 말도 맞다. 참여디자인은 단순히 디자이너가 참여자인 어린이의 의견을 들어 결과물을 만드는 것이 아니라 협업이다.

　내가 어린이 참여디자인을 의심했던 건 결국은 '결과물'에 대한 집착 때문이었다. 어린이들의 아이디어가 그리 대단하지 않더라도 그 공간의 주인인 그들에게 물어보는 것은 당연한 일인데, 디자이너의 책임을 망각했었다. 참여디자인은 어린이들에게 세상에 대한 새로운 탐색의 문을 열어주는 일이라 그 자체로 귀한데 홍보를 위한 결과물을 원했었다. 의심의 대상은 어린이 참여가 아니라 나여야 했다. 내가 낡은 질문을 해서 낡은 결과를 얻은 것이었는데, 남 탓을 했다. 의심의 대상이 바뀐 후 조경작업소 울의 구성원들과 작은 실험을 거듭하며 노하우를 집적하고 있다.

· 나이별로 참여 방식이 달라야 한다.
· 참여의 목적이 명확해야 한다.
· 점진적 의사결정을 원칙 삼아 과정을 디자인해야 한다.
· 어린이들은 철사 사용을 힘들어하고 사용 자체에 많은 시간을 소요하므로 사용하지 않는 것이 좋다.

- 어린이들이 유독 좋아하는 점토는 어느 회사의 OO 점토다.
- 워크숍 진행 시 각 팀은 4~5명을 넘지 않는 게 좋다.
- 테이블마다 보조 진행자가 있어야 한다.
- 보조 진행자는 어린이들의 이름을 외웠다가 불러주어야 한다.
- 크루아상은 부스러지기 쉬워 간식으로 좋지 않다.
- 유제품을 못 먹는 어린이들을 미리 확인하고 간식을 준비해야 한다.
- 어린이들이 기구 중심으로 사고하지 않도록 원하는 기구가 아니라 원하는 활동을 물어야 한다.

몇 가지 노하우는 긴 설명이 필요하다 싶다.

하나, 목적을 명확히 해야 한다. 언젠가 한 어린이 관련 시민단체는 공사 과정 중에 어린이 감리단을 운영하고 싶은데 어떻게 할지 모르겠다며 자문해왔다. 다른 지역에서 하고 있다는 신문기사를 보고 진행을 결정했다고 한다. 공사 감리는 고도의 전문성이 필요한 작업이라 답하기가 어려웠다. 이처럼 어린이 참여가 시대적 요구라 하기는 해야겠는데 왜 해야 하는지 모르는 경우가 꽤 있다. 꼭 해야 하느냐고 물으니, 이미 홍보가 나갔다며 난처해했다. 감리라는 단어를 사전 그대로 적용하기보다는 어린이들이 공사 과정에 참여한다는 데 의의를 두고 나름의 목적을 찾아보자고 했다. 두 가지 목적이 있을 수 있다. 하나는 어린이들과 공사의 과정을 공유하는 것이고, 다른 하나는 어린이들의 시선에서 위해요인을 찾아내는 것이다. 이러한 목적을 세운 후 세 번의 워크숍을 기획했다. 공사 시작 단계에서는 어린이들한테 도면이나 조감도 상의 공간이 어떻게 대상지에 구현되는지를 설명해주면서 디자인의 추상성을 구체화해주는 것이다. 어린이들의 경관을, 도시를 보는 시선이 확장될 수 있다. 공사 중간 단계에서는 현재 어떤 공정이 어떻게 이루어지는지를 알려주는 것이다. 어린이들에게는 미지의 세계라 흥미로울 수 있다. 공사가 마무리될 무렵에는 어린이들과 현장을 돌며 위험요소와 불편요소를 어린이들의 시선에서 점검하는 것이다. 어른들이 놓친 점을 찾아낼 수 있다.

둘, 점진적 의사결정을 원칙으로 두고 과정을 디자인해야 한다. 어린이들과 워크숍을 할 때, 만나자마자 어린이들한테 "여러분들이 원하는 놀이터가 무엇이에요?"라고 물으면 짧지만 강렬한 즐거움을 주었던 테마파크 시설물을 말하는 경우가 많다. 그 강렬한 기억을 이기고 일상적이고 작은 동네 놀이터로 어린이들의 관심을 돌리기 위해서는 몸풀기 과정이 필요하다. 먼저 동네 놀이터와 매일 매일의 놀이에 대한 의견을 나눈 후 원하는 놀이터를 그리게 하면 아이들은 동네 놀이터를 대상으로 생각을 펼친다. 동네마다, 나이마다, 학교마다 어린이들의 반응이 달라 디자이너에게도 본론으로 들어가기 전 탐색의 시간이 필요하다. 이렇듯 천천히 프로젝트의 맥락에 스며들고, 서로의 언어와 사고 체계에 친숙해질 수 있도록 과정을 디자인해야 한다. 그 과정에서 문제 인식의 공유, 방향성 설정, 디자인 발전이라는 디자인의 점진적 의사결정이 이루어져야 한다. 물론 아무리 열심히 과정을 디자인해도 의도대로 흘러가지 않을 수 있다. 그럼 아쉬워 말고 과감하게 과정을 다시 디자인해야 한다.

셋, 나이별로 어린이 참여의 접근 방식이 달라야 한다. 어린이들을 만나기 위해서는 많은 변수를 고려해야 한다. 대상지가 어린이집 앞마당인지, 학교 운동장인지 아니면 어린이공원인지, 몇 회의 워크숍이 가능한지 등등. 무엇보다 중요한 변수는 나이다. 예컨대 서로 영향을 주고받는 상호 협력적 디자인 워크숍은 초등학교 3, 4, 5학년과 진행하는 게 좋다. 그 이하 나이의 어린이들과는 상호소통을 통한 디자인 발전이 쉽지 않고 6학년은 이미 놀이터에 대한 관심이 줄어 집중력이 떨어진다. 그렇다고 다른 연령대의 어린이와 참여디자인을 하지 않는 건 아니다. 어린이집 놀이터를 디자인할 때는 놀이 관찰이 많은 도움이 된다. 어떻게 어린이들이 현재의 공간을 활용하는지, 무엇을 하며 노는지 알아낼 수 있다. 저학년과는 즐거웠던 순간을 함께 그리고 이야기를 주고받으며 원하는 놀이터 모습을 끌어낸다.

우리의 편견인지 아니면 일반화할 수 있는 경험인지를 확인하기 위해 문헌을 찾아보니 이미 여러 연구자가 나이별로 참여 기법을 달리해야 한다고 이야기하고 있었다. 어린이 참여 연구의 권위자인 로저 하트Roger A. Hart는 다음과 같이 말한다.[32]

7~10세의 어린이들은 다른 사람들과의 관점의 차이를 인식할 수 있게 된다. 또 10세 이상이 되면 다른 사람들의 다양하고 엇갈린 감정을 인식하기 시작하고, 10~12세의 아동은 다른 사람들이 자신의 관점을 보는 방식에 대해서도 인식하기 시작하게 된다. 그러므로 더 높은 수준의 참여가 가능하다.

---

32 Hart, Roger. A.(1997), *Children's Participation: The Theory and Practice of Involving Young Citizens in Community Development and Environmental Care*, Routledge.

경험이 축적될수록 노하우의 리스트는 길어지고 세분된다. 그런네 무엇보다 가장 큰 우리의 노하우는 "우리의 노하우를 의심하자"다. 이제 좀 어린이들과 어떻게 협력해야 할지 알겠다며 자만하는 순간, 어린이들은 그렇지 않음을 보여주기 때문이다.

놀이터 현장에서 만난 어린이들과의 즉석 워크숍.
천천히 프로젝트의 맥락에 스며들고, 서로의 언어와 사고 체계에 친숙해질 수 있도록 과정을 디자인해야 한다.

뻔한 놀이터에 대한
이유 혹은 변명

많은 비판을 받아도 뻔한 놀이터는 계속 만들어지고 있다. 가장 쉽게 찾을 수 있는 이유는 창의적 디자인을 하지 않는 디자이너의 안일함일 게다. 하지만 디자이너로서 분한 면이 없지 않다. "그래그래 디자이너들이 그동안 게을렀지, 카탈로그에서 놀이시설물을 고르기만 했지. 그런데 어쩔 수 없기도 해…"하며 뻔한 놀이터를 디자인할 수밖에 없는 백만 가지의 이유가 스멀스멀 목구멍을 타고 올라온다. 이유가 아니라 변명으로 들릴 수도 있겠지만, 공공놀이터를 주로 디자인하는 조경가로서 현장에서 만난 한계를 나열해본다. 나와 배경이 다른 이들이 보는 한계는 또 다를 것이다.

담아야 할 것도, 피해야 할 것도 많은 어린이공원
'공원 및 녹지 등에 관한 법'에 따라 도시공원은 소공원, 어린이공원, 근린공원, 각종 주제공원 등으로 나뉜다. 물론 다른 유형의 도시공원 안에도 놀이터가 만들어지지만, 보통 동네의 공공놀이터는 어린이공원에 조성된 놀이터다. 법에서는 어린이공원의 최소 면적을 1,500m²로 정하고 있는데, 전체 면적의 40%는 나무와 초화류를 심어야 하는 녹지공간이어야 한다. 그러므로 1,500m² 면적에서 놀이공간으로 쓸 수 있는 공간은 900m²다. 가로 30m, 세로 30m면 900m²다. 넓지 않은 공간이다.

그렇다고 나머지 공간 모두를 어린이들의 놀이 공간으로 쓸 수 있는 것도 아니다. 많은 경우 어린이공원은 주민들이 동네에서 만날 수 있는 유일한 공원이다. 무언가를 사거나 돈을 내지 않고도 몇 시간을 앉아 있을 수 있는 곳, 하늘과 바람과 나무를 만날 수 있는 곳, 동네의 일상을 느긋하게 감상할 수 있는 곳, 굽은 등을 펴며 스트레칭을 할 수 있는 곳, 우연히 만난 이웃과 수다를 떨 수 있는 곳이다. 그러므로 다는 아니더라도 일정 정도 동네 사람들의 요구와 필요를 어린이공원에서 담아야 한다.

· 쉴 수 있는 벤치
· 해를 피하는 퍼걸러
· 좌식 생활에 익숙한 사람들을 위한 평상
· 운동시설과 긴 산책로
· 동네 행사를 할 수 있는 작은 마당

이렇게 차 떼고 포 떼고 나면 놀이터로 만들 수 있는 공간은 더 작아진다. 작은 조합놀이대와 그네 한 대씩 놓으면 그만인 경우도 많다. 그런데 담아야 할 것만 많은 게 아니다. 주택가 깊은 곳에 있고 주민들과 일상적으로 만나는 공간이다 보니 불만도 많다.

· 어린이들이 밤늦게까지 놀아서 너무 시끄럽다.
· 모래가 바람에 날려 집안까지 들어온다.
· 조합놀이대 구석진 곳에서 청소년들이 연애질한다.
· 조합놀이대 높은 곳에서 우리 집안까지 들여다보인다.
· 바구니 그네가 움직이면서 나는 소리가 거슬린다.
· 미끄럼틀 바닥에서 빛이 반사된다.
· 그네가 우리 집 앞에 설치되어 있어서 밤에 시끄럽다.

불만에 잔뜩 움츠려 있는 디자이너나 관리자는 새로운 시도가 두렵다. 예측 가능한 불만을 최소화하는 데도 여념이 없어 새로운 불만을 일으킬 디자인은 피하게 된다.

놀이는 보이지 않지만, 기구는 보이므로
놀이터의 문제와 앞으로 놀이터가 나아가야 할 방향으로 강의를 마친 후 참석자들의 질문과 의견을 받는 시간. 한 분이 자신이 사는 지역의 놀이터 행정이 잘못되었다고 분통을 터트리셨다. 놀이터의 기본인 그네와 시소가 놀이터마다 있지 않다는 게 주된 이유였다. 3S 중심의 놀이터가 갖는 문제, 기구가 아니라 공간 자체가 놀이를 유발하는 놀이터를 주제로 강의했던 터라, 1시간에 걸친 강의가 물거품이 된 느낌이었다.

초등학교 운동장 한쪽을 놀이터로 조성하는 프로젝트에서, 학부모들

어디서든 즐거운 어린이들.
우리나라, 일본, 대만, 싱가포르, 홍콩, 핀란드, 네덜란드, 스웨덴, 미국, 프랑스 놀이터와 어린이들

에게 그간 진행했던 디자인을 선보이는 시간. 학부모들은 숫자로 의견을 제시한다. 미끄럼틀이 하나밖에 없어요. 하나 더 넣어주세요. 더 높은 오르기 시설을 더 넣어줄 수는 없을까요? 트램펄린도 하나 더 넣어주세요. 어린이들의 놀이를 어떻게 유발하고 연결할지를 수백 번 머릿속으로 상상하며 디자인한 내용을 열심히 설명하지만, 참석자들은 장바구니에 물건을 넣듯이 놀이기구를 챙긴다. 놀이는 보이지 않지만, 놀이기구는 보이다 보니 이렇게 놀이기구 중심으로 놀이터를 바라보는 경향이 있다.

제품 중심의 안전기준
앞의 다른 글에서는 위험과 위험이 주는 유익 사이의 균형의 관점에서

'어린이놀이시설 안전관리법'에 따른 안전기준의 문제점을 지적했는데, 디자이너로서는 새로운 시도의 걸림돌이 된다. 현재의 안전기준은 공장에서 다량으로 생산되는 놀이기구 제품에 적합하게 만들어져 있다. 표준화된 기성품이 아니고 새롭게 복합적으로 디자인할 때는 공사가 끝난 후 현장에서 안전기준을 적용해 안전성을 증명해야 한다.

가령 어린이들이 놀이터 안에 있는 작은 언덕을 오르고 내리며 놀 수 있도록 언덕에 미끄럼틀이나 오르기 시설을 설치한다면 공사 이후 별도의 인증 절차를 거쳐야 개장을 할 수 있다. 안전기준에 맞지 않으면 공사를 다시 하더라도 기준에 맞추어야 한다. 그런데 미끄럼틀이나 오르기 시설은 공장 제품이더라도 언덕 자체는 아니다 보니 어디까지가 인증의 대상인지, 기준을 어떻게 적용해야 할지 의견이 분분할 때가 있다. 숲이 좋은 곳에서 자연물을 활용해 놀이터를 만들 때도 난이도 높은 해석이 필요하다. 번거로운 상황을 피하고자 놀이터 관리자들은 이미 안전인증을 받은 기성품 설치를 요구할 때가 많다.

　이 세 가지는 사소해 보이지만 모두 놀이터를 벗어나 있다. 여러 사회 구조적 조건 변화와 연결된다. 이 세 가지가 이유가 되지 않도록 하기 위해서는 모든 사람이 충분히 누릴 수 있도록 도시의 공공공간을 확보해야 하고, 어린이와 놀이에 대한 사회적 인식을 높여야 하고, 새로운 디자인을 유도할 수 있도록 안전기준을 바꿔야 한다. 나의 역량을 넘어선다. 그러다 보니 디자이너로서의 태도는 항상 오락가락한다. 놀이터 밖의 일이라는 이유를 내세워 익숙한 디자인을 할 것인지? 그럼에도 불구하고 의욕을 낼 것인지? 나의 의지가 중요하지만, 어떤 사람들과 함께하느냐에 따라서 없던 의지가 생기기도 한다. 감사하게도 지금까지는 조금이나마 변화를 만들 수 있도록 지지해준 이들이 많았다. 수많은 얼굴이 떠오른다. 나도 그들도 지치지 않기를 바란다.

그렇다면
좋은 놀이터란

"좋은 놀이터는 어떤 놀이터인가요?" 많이 받지만, 항상 대답하기 어려운 질문이다. 놀이터라는 것이 발명된 후 많은 이들이 좋은 놀이터를 고민해왔다. 어떻게 하면 재미있게 놀 수 있도록 할 것인지? 어린이들의 상상력과 모험심을 자극할지? 성장에도 도움이 될지? 이러한 기본적 지향점은 변함없지만 좋은 놀이터의 구체적 모습은 시대적 요구에 따라, 지역에 따라 조금씩 다르다.

신체적 발달이 중요했던 때에는 체조기구 같은 놀이시설물이 놀이터를 채웠다. 동화 속에 나오는 장면을 멋지게 구현하면 어린이들의 상상력을 촉진할 거라 여기던 때도 있었다. 정크놀이터나 모험놀이터같이 어린이들의 도전을 유도하는 거친 요소가 많은 놀이터가 좋은 놀이터라 이야기되기도 한다. 또 누구는 숲 사이를 뛰어다니며 나무와 식물과 동물과 놀 수 있는 자연놀이터를 좋은 놀이터라 말하기도 한다. 익숙한 공간 문법에서 벗어나 있어 호기심을 가지고 자유롭게 탐색할 수 있는 공간 제공을 놀이터 디자인의 첫 번째로 보는 디자이너도 있다. 또 어떤 어른은 자신의 어릴 적 경험을 말하며 어린이들은 어디에서도 잘 노니까 넓게 넓게 비워두어야 한다고 말한다. 현장에서 만나는 주민들은 놀이시설물의 개수에 매달린다.

나는 기본적으로 어린이들이 놀이가 끊기지 않도록 놀이를 유발하는 요소를 높고 길게 연결하려 하고 어린이들이 자신들의 특성에 맞게 선택할 수 있도록 난이도의 폭을 최대한 넓게 두려 한다. 내가 부적처럼 지니고 다니는 그림이 하나 있다. 2014년 세이브더칠드런과 중랑구에 놀이터를 만들면서 놀이터 바로 옆 어린이집 어린이들에게 자신들이 원하는 놀이터를 그려보게 했을 때, 예준이가 그린 그림이다. 미끄럼틀은 아주 높

예준이의 그림.
미끄럼틀은 태양보다 높이 있고, 예준이의 분신들은 쉼 없이 뛰고 움직인다.

아서 태양보다 높고 놀이시설물은 끊기지 않고 연결되어 있다. 그 안에서 수많은 어린이가 뛰고 있다. 계단을 오르고 미끄럼을 타고 바닥을 달리고 있다. 놀이터에 그려진 수많은 어린이는 그림을 그린 예준이의 분신들이다. 높이 오르고 길게 뛰고 싶은 마음이 그대로 표현되었다.

현장에서 만난 어린이들이 원하는 놀이터는 여기에서 크게 벗어나지 않는다. 어린이들한테 높이높이, 빙글빙글, 대롱대롱, 폴짝폴짝, 아슬아슬, 흔들흔들, 지그재그 같은 의태어를 주고는 선택하라고 하면, 높이높이, 대롱대롱, 지그재그의 순위가 높다. 원하는 놀이터를 그리거나 만들게 하면 모든 요소는 연결되어 있다. 좁은 놀이터에서 충족되지 않았던 신나게 오르고 뛰고 구르고 싶은 갈망이 보인다. 작은 동네 놀이터에서 해결할 수 없어 안타깝지만, 어린이들은 인라인스케이트도 타고 싶어라 하고, 공놀이도 하고 싶어라 한다.

그런데 놀이터를 보는 시선의 폭을 넓혔으면 한다. 놀이터를 단지 어린이들이 노는 곳이 아니라 어린이들이 세상에서 제일 처음 만나는 그들의 도시공간으로 보았으면 한다. 양천구의 한 놀이터 시설물 아래에서 컵라면을 먹는 어린이들을 만났다. 좁고 모래 먼지 날리는 그곳에서 굳이 라면을 먹어야겠냐고 물으니, 더 맛있다고 한다. 놀이터에서 핸드폰으로 게임을 하는 어린이들도 이 마음일 거라 짐작해본다. 노원구의 한 공원은 초등학교와 바로 인접해 있어 '방과 후 공원'이 된다. 공원에는 놀이터도 있고 큰 평상도 몇 개 있다. 오래된 공원이라 나무도 커 여름에도 그늘이 깊다. 날씨 좋은 날 오후에는 놀이터 옆 평상에 엎드려 학교 숙제를 하거나 책을 읽는 어린이들을 만날 수 있다. 대구의 초등학교 4학년 여학생에게 놀이터는 BTS를 만나는 곳이다. 그들에게 놀이터가 좋은 이유는 친구들과 BTS 동영상을 볼 수 있어서였고, 원하는 공간은 BTS 춤을 연습할 수 있는 무대였고, 원하는 디자인도 BTS의 모습이 그려진 디자인이었다. 기승전 BTS였다.

광진구의 초등학교 3학년 아미는 친구들과 놀이터에서 놀다가 놀이터 구석에서 수다 떠는 중학교 2학년 언니들을 향해서 "주꾸미가 쳐다보네" 한다. 조금 더 있다 다시 "또 쳐다보네" 한다. 중학생 언니들 반응이 없는데도, 이 어린이는 큰 소리로 "오늘은 돼지는 없네? 주꾸미하고 낙지만 있네." 언니들은 중2답게 시크하게 못 들은 척한다. 그 장면이 너무 흥미로워서 "너희들 친언니야?"하고 물으니 "아니요. 동네 언니들이에요. 저 언니들도 장난인 줄 알아요. 별명 불러도 괜찮다고 했어요"란다. 그러면서 "원래는 돼지, 주꾸미, 낙지 이렇게 셋이 다녔는데 깨져서 이젠 주꾸미하고 낙지만 다녀요." 이 맹랑한 어린이라니. 아미는 자신이 별명을 잘 짓는다고 자랑하면서, 자신의 별명은 나무늘보란다. 이유는? 눈이 작아서다. 나한테 어울리는 별명을 물으니, 자갈치. 이유는 머리카락이 바깥으로 뻗쳐서란다.

중랑구의 한 놀이터는 어린이들도 항상 북적거린다. 몇몇 어린이는 놀이터의 터줏대감이다. 방학에는 아침부터 저녁까지, 학기 중에는 방과 후 내내 놀이터에 있다. 낮 동안 아무도 없지만, 형편이 어려워 학원에 다닐 수는 없고 그렇다고 지역아동센터에 다니기에는 조건이 맞지 않는 어린이들이다. 제도적 돌봄에서 벗어난 어린이들이다. 하지만 사람이 만들어내는 작은 돌봄은 있다. 그 중의 한 명인 영석의 고등학생 형은 틈만 나면 놀이터에서 동생과 동생의 친구들과 놀아주고 몇몇 주민들은 자신들의 자녀들과 함께 간혹 이들의 식사도 챙긴다. 모든 놀이터가 그런 건 아니다. 은평구의 한 놀이터에도 하루를 보내는 어린이들이 있지만 안타깝게도 놀아주는 형도, 끼니를 챙겨주는 이웃도 없다.

이렇게 놀이터는 어린이들이 친구를 만나고, 간식을 먹고, 하늘을 보고, 춤을 추고, 노래를 부르는 공간이다. 또 관계가 만들어지는 공간이고 돌봄이 이루어져야 하는 공간이다. 어린이들의 세상이다. 놀이터는 세상에 남겨진 유일한 그들의 공간인 셈이다.

하지만 어린이들은 이 공간도 온전히 가질 수 없고 돌봄은커녕 환대받지 못하는 경우가 많다. 양천구에는 동네 사랑방 같은 놀이터가 있다. 저녁 즈음이면 동네 모든 사람이 나와서 한가한 시간을 보낸다. 손자 손녀를 데리고 나와 놀게 하는 할머니와 운동기구를 타는 할아버지가 있고 초등학교 저학년을 둔 엄마들은 어린이들이 노는 동안 한쪽에서 수다삼매경에 빠진다. 놀이터는 빈 곳 없이 사람들로 꽉 찬다. 그런데 유독 그 시간을 피해서 놀이터에 오는 어린이들이 있다. 초등학교 고학년 어린이들이다. 자전거를 타고 와서는 어른들이 많으면 쓱 보고 그냥 간다. 이유를 물어보았더니 어른들이 잔소리해서란다. 이들은 자신들만의 시간을 보낼 수 있는 공간을 찾아 도시를 헤매고 있다.

어린이가 삶의 모든 공간에서 환영받고 자신의 공간임을 당당하게 주장할 수 있는 날이 어서 빨리 왔으면 좋겠다. 그 전까지 놀이터에서만이라도 어린이들이 누구의 눈치도 보지 않고 자유롭게 다양한 자신의 일상을 누렸으면 한다.

어린이들의 세상, 놀이터.
놀이터는 유일하게 도시에 남겨진 어린이들만의 작은 세상이다.

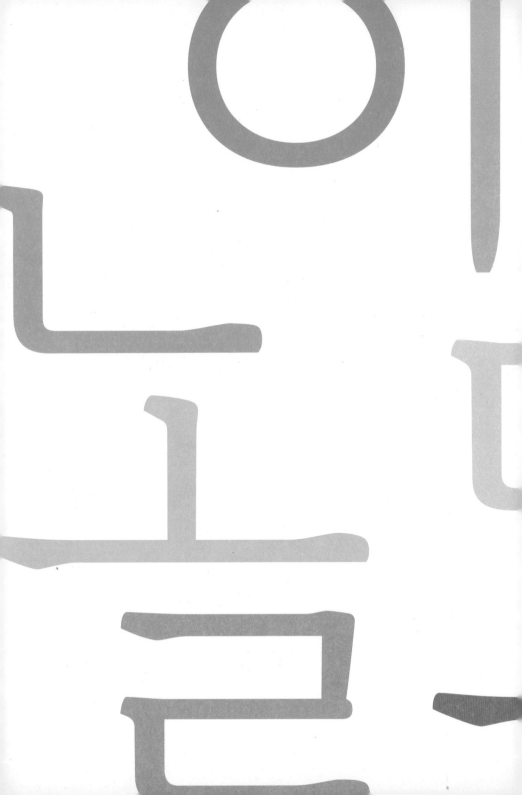

놀이
도시

어디든 가고, 어디에서든 놀고
암스테르담의 난데없이 나타나는 놀이터와
　　　건축가 알도 반 아이크
벨기에 플랑드르 지방의 '잘 노는 동네' 만들기
스웨덴 스톡홀름의 어린이가 결재하는
　　　통합아동영향평가
동네별 놀이터 계획이 필요해요
놀이길, 가까운 미래이길
이게 바로 우리가 원하는 도시야

어디든 가고,
어디에서든 놀고

어린이의 놀이공간이기도 했던 거리는 자동차가 점령하면서 위험해졌고
어린이가 갈 수 있는 곳은 나날이 줄었다. 어린이가 도시에서 밀려나는
문제를 해결하고자, 근대적 도시계획에서는 기능별로 도시공간을 분류
하면서 어린이의 놀이공간도 하나의 유형으로 넣었다. 어린이 공간을 별
도로 만들겠다는 사고는 당시에는 진보적이었고, 그 당시 생각해 낼 수
있는 어린이를 위한 최선의 도시 정책이었다. 그러나 어찌 보면 어린이와
어른이 함께 사용하던 도시를 어른에게 내준 대신 어린이는 놀이터에 고
립되었다고 할 수 있다. 놀이터에서 좀 더 안전하게 놀 수 있는 게 아니라
놀이터에서만 놀게 되었으니까. 영국의 놀이터 연구자 팀 길Tim Gill은 어
린이를 위험이 차단된 공간에 격리한다고 생활에서 모든 위험을 제거할

---

1   Gill, Tim(2007), *No Fear: Growing up in a risk averse society*, Calouste Gulbenkian Foundation.
2   Kyttä, Marketta(2003), *Children in Outdoor Contexts*, Ph. D. Dissertation, Helsinki University of Technology, Espoo.

수 있는 건 아니며, 만일 가능하다 하더라도 그런 환경이 과연 어린이에게 좋은 것이냐고 묻는다.[1] 어린이가 생활 속에서 작은 위험을 만나고 해결하면서 회복 탄력성을 키울 수 있도록 하는 게 장기적으로는 더 좋지 않겠냐는 말이다.

이러한 관점에서 2003년에 발표된 핀란드의 연구자 마켓타 키타Marketta Kyttä의 박사 논문[2]을 눈여겨 볼 필요가 있다. 그녀는 어포던스와 독립 이동성이라는 두 가지 지표를 기준으로 어린이와 환경 간의 관계를 네 가지 모델로 구분했다. 개인적 단계에서의 어포던스가 어린이의 즉각적인 행동 추동과 관련된다면 이 연구에서의 어포던스는 사회적 어포던스로 사회적 활동 추동과 관련된다. 마을에 작은 정원이 만들어진다면 사람들은 정원 감상을 위해 모일 것이고, 도서관이 생기면 책을 보기

어린이와 환경 간의 관계 모형.
어포던스와 독립 이동성이 모두 높은 빌러비, 모두 낮은 감옥 등 네 가지 유형이 있다.

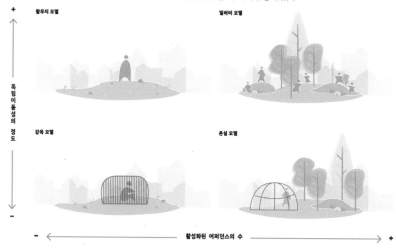

위해 모일 것이다. 이런 차원에서 이 연구의 어포던스는 '어린이가 즐길 수 있는 장소' 정도로 해석할 수 있다. 독립 이동성이란 어린이들이 바깥에서 성인의 동반 없이 혼자 또는 친구와 걷거나 자전거를 타고 스스로 경로를 결정하며 이동하는 것을 말한다. 어린이는 독립적으로 이동하면서 건강과 인지 능력, 사회성을 키울 수 있다. 더불어 자신의 감각으로 세상과 대면하면서 정체성도 정립하게 된다. 그러나 과잉보호와 교통사고, 범죄, 유괴 등으로 어린이의 독립 이동성은 현저히 낮아지고 있다.

그녀는 어포던스와 독립 이동성이 모두 높은 모델에는 빌러비bullerby라는 이름을 붙였고, 둘 다 낮은 모델은 감옥cell, 어포던스는 높지만 독립 이동성은 낮은 모델은 온실glasshouse, 어포던스는 낮지만 독립 이동성은 높은 모델은 황무지wasteland로 명했다. 독립 이동성과 어포던스가 모두 높은 환경은 어린이가 어디든 갈 수 있고 어디에서든 놀 수 있는 환경으로 당연히 네 가지 모델 중 가장 바람직하다. 빌러비는 『The Six Bullerby Children』[3]이라는 동화책에 나오는 마을 이름이며, 동화 작가는 '말괄량이 삐삐'로 우리나라에서도 유명한 스웨덴의 아스트리드 린드그렌Astrid Lindgren(1907~2002)이다.

1947년에 출판된 이 책은 빌러비 마을에 사는 여섯 어린이의 생활을 그렸다. 그들은 아침에 눈 뜨는 순간부터 어떻게 놀면서 하루를 보낼지 궁리한다. 하지만 어른들을 도우며 마을 구성원의 역할도 충실히 한다. 암탉이 닭장 밖에서 낳은 달걀을 찾고 순무를 뽑고 시각장애인인 할아버지의 말동무가 되어준다. 물론 그들이 있는 공간은 일터라 할지라도 놀이와 상상으로 금방 가득 차게 된다. 달걀을 주우며 달걀로 공놀이를 하는 상상을 하고 순무를 뽑다가 귀신 이야기를 하고 헛간에서는 건초 위로 신나게 뛰어내리며 논다.

이렇게 빌러비 마을에서 어린이의 세상과 어른의 세상은 구분되지 않고 중첩된다. 마켓타 키타가 4가지 모델 중 가장 바람직한 유형에 빌러비라는 이름을 붙인 이유다. 어른들의 세상이 곧 자신들의 세상이기도 한 빌러비 마을에서 어린이들은 어른들의 동행 없이 마을의 곳곳을 다니며 논다. 즉 어포던스는 '어린이가 갈 수 있는 곳'이라는 잠재성으로만 머물지 않고 '어린이가 가는 곳으로' 끝없이 활성화되고, 높아진 어포던스는 다시 어린이들의 독립 이동성을 높인다.

반면 다른 모델은 빌러비 유형처럼 이 두 가지가 선순환하지 않는다. 황무지 모델은 어린이가 집 밖에서 안전하게 돌아다닐 수 있다고 해도 놀만한 곳은 없는 경우다. 농촌과 베드타운 지역에서 많이 나타난다. 온실 모델은 어린이가 놀만한 곳은 많지만, 어린이 스스로 접근할 수 없어 무용지물이 되는 환경이다. 도시화가 진행될수록 이 모델이 많아진다. 어린이를 위한 정책으로 어린이가 즐길 수 있는 시설이 곳곳에 만들어지더라도 가는 경로가 위험으로 가득 차 어른이 데려다주고 데려와야 한다면 별 소용이 없다. 감옥 모델은 어린이가 어른들의 동반 없이 다니기도 어렵고 놀 만한 곳도 부족한 환경이다.

우리나라의 많은 지역이 감옥 모델에 해당한다. 부산 동구도 어린이들이 놀만한 장소도 마땅치 않고 자유자재로 돌아다니기도 어려운 지역이

---

3   우리나라에서는 『떠들썩한 마을의 아이들: 여름 그리고 가을』(햇살과 나무꾼 역, 논장, 2013)로 출판되었다.

부산 동구 어린이들과의 일상생활 동선 그리기 워크숍.
차가 다니지 못하는 골목길은 더 이상 놀이공간이 아니다. 그저 음침하고 꺼려지는 곳일 뿐이다.

다. 산복도로로도 유명한 이 지역은 개항기와 6.25전쟁을 거치며 몰려든 사람들이 산등성이에 집을 짓고 살면서 형성되었다. 점차적으로 도로가 정비되고 도시기반시설도 확충되었지만, 여전히 공원이나 놀이터는 부족하다. 놀이터는 없지만 대신 차가 진입하기 어려운 골목길에서는 어린이들이 놀지 않을까 예상했으나, 막상 어린이들을 만나 이야기를 들어보니 그렇지 않았다. 놀이공간으로서의 골목길은 과거의 이야기였다. 어린이들은 골목길을 음침하고 지저분한 곳으로 인식하고 있었다.

　그러다 보니 어린이들은 동네에서 집과 학교, 학원만을 오간다. 저학년생들은 부모나 조부모와 함께 등하교하고 조금 큰 어린이들은 학원에서 제공하는 버스를 타고 학교에서 학원으로, 집으로 이동한다. 그런데 보호자의 손길에서 벗어나기 시작하는 초등학교 고학년 어린이들은 감옥에만 갇혀있을 수 없으므로 마을버스를 타고 도심까지 나가서 논다.

어린이들은 낯선 어른들 사이에서 상가 거리를 어슬렁거리며 피시방에서 돈을 내고 오락을 하고 코인노래방에서 돈을 내고 노래를 한다. 마을의 환경이 어린이들을 각박하고 위험한 상황으로 내몰고 있다.

　독립 이동성과 어포던스, 이 둘을 모두 충족시켜 어린이가 어디든 갈 수 있고 어디에서든 놀 수 있는 마을을 만드는 건 쉽지 않다. 빌러비처럼 동화 속에서나 가능한 꿈같은 이야기처럼 들릴 수 있다. 하지만 이미 세계의 많은 도시는 빌러비 마을을 동화에서 끌어내 현실에서 실현하고 있다. 이민자의 증가로 늘어난 어린이 인구, 도시가 점점 어린이에게 위험한 곳이 되는 현상에 대한 위기감, 줄어드는 야외 활동으로 인한 비만과 시력 저하 등등 저마다의 이유가 있었다. 사실 이런 이유라면 우리나라도 차고 넘친다.

암스테르담의
난데없이 나타나는
놀이터와
건축가 알도 반 아이크

암스테르담 거리를 걷다 보면 전혀 예측하지 못한 곳에서 난데없이 놀이터를 만날 수 있다. 골목길 입구에, 광장 한쪽에, 넓은 인도를 따라서, 운하 옆 보행로에 울타리도 안내판도 없이 놀이터가 자리 잡고 있다. 주변과 격리되고 경계 지어진 놀이터에 익숙한 나로서는 생뚱맞아 보였지만, "이런 곳에도 놀이터를 만들 수 있군" 감탄하면서 난데없이 나타나는 놀이터를 발견하는 맛을 즐겼다. 암스테르담에는 1,300여 개의 놀이터가 있다고 하니 언젠가 암스테르담에 여행을 간다면 눈여겨볼 것을 권한다. 굳이 찾아 나서지 않더라도 당신이 묵는 호텔 옆 골목에, 유명한 관광지 한 모퉁이에 있을 수 있다.

어린이들이 다양하게 놀 수 있도록 고민한 흔적이 역력히 보이는 놀이터도 있지만, 보통 난데없이 만나는 놀이터에는 대단한 시설물이 있지 않다. 원형의 정글짐과 철봉 그리고 어린이들이 건너기를 할 수 있는 디딤돌이나 흔들말 같은 시설 몇 개만 있는 놀이터도 있고, 모래놀이 공간이

예상치 못한 곳에서 출몰하는 암스테르담의 놀이터들.
울타리도 안내판도 없이, 운하 옆에서 골목길에서 관광지에서 때로는 넓은 인도에서 불쑥불쑥 나타난다.

나 바닥놀이 패턴만 있는 곳도 있다. 비록 화려하진 않더라도 유아들은 집에서 바로 나와 흔들말을 탈 수 있고, 하교하는 초등학생들은 길을 가다 만나는 원형의 정글짐 정상을 가볍게 정복한 뒤 가던 길을 다시 갈 수 있다. 혹은 철봉에 몸을 얹어 한 바퀴 휙 돌며 하늘 한번 스윽 보고는 친구를 만나러 갈 수도 있다. 놀이가 일상에 깃들여 있는 환경이니까.

불쑥불쑥 놀이터가 나타나는 암스테르담 도시 풍경 뒤에는 알도 반 아이크Aldo van Eyck(1918~1999)라는 건축가가 있다. 알도 반 아이크는 네덜란드에서 태어났으나 영국에서 자랐다. 제2차 세계대전 후 1947년 네덜란드로 돌아와서는 암스테르담 공공사업부 도시개발 부서 건축 디자이너로 일하기 시작한다. 당시 28세였던 그에게 주어진 첫 번째 임무 중 하나는 광장인 베르텔만플레인Bertelmanplein에 지어질 공공놀이터를 디자인하는 것이었다.

네덜란드는 놀이터 조성에 있어서 선구적이었다. 1880년 5월 8일 첫 번째 공공놀이터가 공원Tweede Weteringsplantsoen에 조성된 이후 많은 놀이터가 만들어졌다.[4] 하지만 1930년대까지 모든 어린이가 이용할 수 있는 공공놀이터는 많지 않았다. 대다수 놀이터가 돈을 내고 이용해야 하는 사적인 곳이라 부유한 사람들만 이용할 수 있었다. 어린이 대부분은 길에서 놀았다.[5] 그러나 제2차 세계대전 이후 상황은 달라졌다. 주택 부족 문제를 해결하기 위해 도심은 빠르게 개발되었고 자동차는 급격히 증가했다. 어린이들은 더 이상 길에서 놀기 어려워졌다. 이런 문제의식을 기반으로 알도 반 아이크의 상관인 제코보 몰더Jakoba Mulder는 암스테르담의 모든 지역에 작은 공공놀이터 만들기를 목표로 삼았고, 그 목표 실현의 역할이 알도 반 아이크에게 주어졌다. 그는 첫 번째 놀이터에서 반구 형태의 정글짐과 세 개의 철봉, 콘크리트로 된 직사각형의 모래 놀이 공간으로 전체 공간을 구성했고 주변에는 벤치를 놓아서 양육자가 노는 어린이들을 볼 수 있도록 했다. 첫 번째 놀이터는 성공적이었고 덕분에 1951년 공직 생활을 그만둘 때까지 8년 동안 60여 개의 놀이터를 디자인할 수 있었다. 공직 생활을 끝낸 뒤 자신의 사무실을 연 뒤에도 놀이터 작업은 이어져 1978년까지 거의 30여 년에 가까운 시간 동안 700여 개의 놀이터를 디자인했다. 현재는 그중에서 17개가 남아 있다. 초기의 놀이터 대상지는 제2차 세계대전 동안 많은 집과 도시 시설이 파괴되면서 버려진 땅이나, 넓은 보도, 교통섬이었다. 1950년대 후반에는 주택 마당에 있는 놀이터가, 1960년대와 1970년대에는 스포츠 공원에 있는 놀이터가 그의 작품 목록에 추가되었다.

그의 놀이터 디자인 특징[6]은 먼저 도시와의 관계에 있다. 당시 놀이터는 울타리로 둘러싸여 있고 담당하는 경비원이 있었으나 그가 디자인한 놀이터는 도시의 일부분이었다. 다른 특징은 원, 사각형, 반구 형태 등 명확한 기하학적 요소의 반복적 사용이다. 낮은 콘크리트 담으로 둘러싸인 네모나 원형의 모래밭, 금속으로 만들어진 반구 형태의 정글짐과 직선의 철봉, 콘크리트로 만들어진 네모난 놀이 테이블과 둥그런 디딤돌, 나

---

4 암스테르담 아카이빙 웹사이트, 2021년 3월 12일, https://onsamsterdam.nl

5 암스테르담 기반의 일간지 Het Parool의 2009년 6월 19일 기사, 'Op zoek naar de beste speeltuin(최고의 놀이터를 찾아라)', www.parool.nl. 이 기사에 따르면 1930년대에는 30개의 유료 민간놀이터가 있었다.

6 다음의 논문을 참조하였다. Withagen, Rob and Caljouw, Simone R.(2017), *Aldo van Eyck's Playgrounds: Aesthetics, Affordances, and Creativity*, Frontiers in Psychology 8.

놀이·놀이터·놀이도시   147

무 기둥의 모둠. 그의 놀이터에서는 이 요소들이 조합되어 하나의 모듈을 이루었다.

앞에서 살펴보았던 어포던스의 관점에서 볼 때, 이러한 추상적 형태는 해석의 가능성을 열어두기 때문에 어린이들이 자신의 방식대로 공간을 사용할 수 있다. 낮은 담 형태의 모래 놀이공간 경계는 어린이들이 올라타고 뛰어넘고 달리는 데 사용될 수 있고 모래 테이블이 될 수도 있다. 양육자들이 걸터앉을 수도 있다. 알도 반 아이크의 시그니처인 반구 형태의 정글짐도 어포던스의 관점에서 훌륭한 시설이다. 어린이들이 기어오르는 게 정글짐에서 일어날 수 있는 주 활동이겠지만 그 위에 앉아 세상을 내려다볼 수 있고 힘껏 바닥으로 뛰어내릴 수도 있다. 정글짐을 동굴 삼아 그 안에 옹기종기 모여 앉을 수도 있다. 또 작은 집이나 가게가 되어 역할 놀이에 쓰일 수도 있다.[7]

물론 알도 반 아이크를 비판하는 의견도 있다. 가장 큰 비판은 디자인의 표준화다. 예컨대 그는 모든 놀이터에 비슷한 간격으로 그리고 8자 형태로 디딤돌을 배치했는데, 이런 경우 어린이들은 긴장감 없이 습관적으로 디딤돌을 건너게 되어 균형적이지 않고 비대칭적 도시를 만날 준비를 놀이터에서 할 수 없게 된다.[8] 개인적으로는 반복되는 대칭적이고 기하학적 디자인이 다소 지루하다. 그런데도 지난 세월 동안 알도 반 아이크의 놀이터는 사회학, 예술, 건축 및 심리학을 포함한 다양한 학문 분야에서

7   위의 글 참조
8   Nebelong, Helle(2004), *Nature's playground*, Green Places 28th May,
9   1999년 출판된 알도 반 아이크의 전기의 제목이다. *'Aldo van Eyck: Humanist Rebel'*(Tzonis, Alexander and Lefauvre, Liane, Rotterdam: 010 Publishers)
10 Aldo van Eyck(1962/2008), *The Child, the City, and the Artist*, Amsterdam: Sun Publishers.

현재까지 남아 있는 알도 반 아이크의 놀이터.
원, 사각형, 반구 형태 등 명확한 기하학적 요소의 반복적 사용이 눈에 띈다.

연구되었다. 건물 자체를 목표로 삼기보다는 사람들 간의 관계를 만드는 수단으로서의 역할을 강조했던 그는 "인본주의적 반역자humanist rebel"[9]라고 불렸다.

　알도 반 아이크는 눈 오는 순간을 예로 도시 곳곳에 놀이터를 지어야 하는 이유를 설명한다.[10] 눈이 내리면 잘 보이지 않던 어린이들이 나타나 도시를 장악한다. 썰매를 타고 눈덩이를 던지고 눈사람을 만든다. 어린이들에게 자유를 주기 위해서 항상 눈을 내리게 할 수는 없으니 다른 영구적인 방법을 찾아야 한다. 암스테르담처럼 놀이터를 도시 곳곳에 만드는 것도 좋은 방법이다. 우리는 어떠한 방법을 찾아야 할까?

벨기에
플랑드르 지방의
'잘 노는 동네'
만들기

벨기에 네덜란드어권인 플랑드르Flanders 지방의 어린이 및 청소년 관련 조직과 단체, 놀이 전문가들은 갈수록 어린이의 놀이가 어려워지는 상황을 타파하고자 'Goegespeeld(wellplayed; 잘 노는)'라는 이름의 네트워크 조직을 꾸렸다. 그리고 2009년 '잘 노는 동네' 만들기를 위한 선언문 'Goegespeeld'를 발표했다. 이 선언문에는 여덟 가지의 선언이 담겼고, 지방정부가 여덟 가지 선언을 담는 정책을 세우고 실행하면 네트워크는 'Goegespeeld Municipality(잘 노는 지방자치단체)'로 인정해준다. 이 선언문을 나침반 삼아 앤트워프Antwerp를 비롯한 플랑드르 지방의 도시들은 구체적 목표와 정책을 수립한 후 도시를 바꿔나가고 있다.[11]

---

11 선언에 관한 내용은 '아동 놀이 행태를 고려한 도시공간 조성방안 연구'(2020, 한국토지주택공사)에 외부연구원으로 참여한 네덜란드 건축가 Renet Korthals Altes(Make Space 4 Play 대표)가 연구의 일환으로 진행한 사례 조사 내용을 중심으로 작성되었다.

여덟 가지 선언

① 어린이는 모든 공공공간에서 놀 수 있다.

② 어린이는 모든 녹지공간에서 놀 수 있다.

③ 어린이의 놀이는 골칫거리가 아니다.

④ 어린이에게 의미 있는 공간(학교, 방과 후 교실) 등은 안전한 네트워크로 연결되어 있다.

⑤ 청소년들을 위한 놀이공간도 충분히 있다.

⑥ 어린이 놀이를 장려하는 지역 정책을 만든다.

⑦ 정책이 놀이 기회에 부정적인 영향을 주게 되면 어린이가 직접 의견을 전달할 통로가 있다.

⑧ 어린이와 함께 공공공간을 만들어나간다.

첫 번째와 두 번째는 어린이가 단지 놀이터나 공원뿐만 아니라 도로나 광장, 산과 들 그리고 작은 녹지공간에서도 놀 수 있도록 조건을 만들어야 한다는 내용을 담고 있다. 하지만 현실적 문제로 상시적 놀이공간을 만들 수 없다면 일시적으로 운영하는 팝업 놀이터라도 만들 것을 제안하고 있다. 제안 내용에는 어린이가 놀 수 있는 공공공간과 녹지가 표시된 지도 제작도 포함되어 있다. 세 번째 '어린이의 놀이는 골칫거리가 아니다'라는 선언은 시끄럽게 노는 어린이들을 자제시켜달라는 민원에 응답해서는 안 된다는 내용을 담고 있다. 놀이터에서 어린이들이 노는 소리를 소음이라며 거세게 항의하거나, 놀이터에 버젓이 몇 시 이후로는 놀지 말 것을 경고하는 현수막을 붙이는 우리나라 상황과는 대조적이다. 하지만 그곳에도 어린이의 놀이에 부정적으로 대응하는 어른이 있으므로 선언에 포함되었을 것이다. 네 번째 선언에는 안전한 네트워크는 물리적 환경의 개선뿐만 아니라 학교는 자전거 교육을 필수 과목으로 선정할 것을, 다섯 번째 선언에는 청소년을 위한 야외 공간을 만들고 그들과 함께 관리의 책임을 나눌 것을 내용으로 담고 있다. 여섯 번째 놀이 정책에는 '공휴일=노는 날' 같은 캠페인도 포함된다. 일곱 번째 선언은 새로운 정책을 도입할 때마다 어린이와 청소년에게 미치는 영향을 평가해야 한다는 내용을 담고 있다. 마지막 선언에는 설문조사나 어린이 지역 자문단 운영, 온라인을 활용한 참여 기회 확대 등이 담겨 있다.

선언이 선포된 후 정확히 10년이 지난 2019년 겨울, 플랑드르 지방의 도시 중 하나인 앤트워프를 찾았다. 미리 연락을 주고받았던 앤트워프 도시국의 놀이 컨설턴트 빔 세거스Wim Seghers를 만나 상세한 설명을 들었다. 그는 먼저 '잘 노는 동네'를 구현하기 위해 앤트워프에서 추진하고 있는 'speelweefsel(play web 또는 play network: 놀이 네트워크)' 정책을 설명해주었고 앤트워프의 구도심 보르헤르호우트Borgerhout를 함께 답사하며 정책이 실현되고 있는 모습을 보여주었다.

'speelweefsel'은 마을 전체를 놀이로 재구조화하겠다는 것인데, 목적은 '어린이들이 머물 수 있고, 놀 수 있고, 만남이 일어날 수 있는 공공공간 조성'이다. 정책 실행은 어린이들과 함께 시작했다. 어린이들에게 '①안전하지 않다고 생각하는 요소 또는 장소, ②안전하다고 생각하는 요소 또는 장소, ③등하교할 때나 자유시간에 주로 다니는 보행로, ④내가 사는 동네의 공공장소에 없는 것'을 세세하게 물었고 실행의 기초로 삼았다.

그리고 어린이들의 생활 세계를 체계적으로 계획에 담기 위해 도시를 매크로macro, 메조meso, 마이크로micro라는 위계로 구분했다. 서울에 적용한다면 매크로는 자치구, 메조는 동에 해당된다. 마이크로는 초등학교를 중심으로 하는 동네 규모로 보면 된다. 위계에 따라 중시되는 이동 수단과 갖추어야 할 공간은 달라진다. 예컨대 마이크로 위계는 초등학생 이하 나이 어린이들의 일상적 영역이므로 보행이 중요하고 집 앞 놀이공간이 잘 갖추어져야 한다. 반면 메조의 위계에서는 어린이가 큰 차도를 건넌다는 걸 전제로 교통 안전 계획이 수립되어야 하고 동네를 벗어나 멀리까지 갈 수 있는 청소년들이 이용할 수 있는 축구장이나 문화시설이 있어야 한다. 매크로 단위에서는 청소년들의 독립 이동을 염두에 두고 자전거나 대중교통 체계를 짜야 한다. 또 주말에 가족 단위로 이용할 수 있는 큰 공원도 있어야 한다. 핀란드 연구자 마켓타 키타Marketta Kyttä가 가장 이상적이라고 여긴 빌러비 유형을 앤트워프 상황에 맞추어 구현하고 있다고 볼 수 있다.

빔 세거스와 보르헤르호우트를 답사하며 마이크로, 메조 위계에서 어떻게 'speelweefsel'를 구현하고 있는지를 생생하게 보았다. 가능한 한 어린이들이 차와 만나지 않도록 도로 체계를 재편하고 있었고, 도로 재편으로 비워지는 공간에는 청소년들의 농구장이나 어린이들의 놀이터를 조성하고 있었다. 또 조금이라도 공간적 여유가 있으면 어린이들의 휴식과 놀이를 유도할 수 있는 시설을 설치하고 있었다. 교회 앞 광장을 넓혀 앉을 수도 있고 어린이들이 건너기 놀이도 할 수 있는 둥그런 돌의자를 놓았고, 어느 공공기관 앞 광장에는 공이 튀어나가지 않도록 동그랗게 담을 두른 작은 공놀이 공간을 여러 개 만들었다. 어린이들이 굳이 학교 운동장을 찾지 않아도 공놀이를 할 수 있고 서로 공간을 차지하려고 경쟁하지 않아도 된다. 고가 하부 공간은 시끄럽다는 한계를 장점으로 살려 어린이들의 음악 놀이터로 바꾸었다. 광장을 농구장으로 만들면서 아프리카에서 온 청소년의 디자인을 적용한다든지, 공원에 작은 놀이터를 만들더라도 길가 카페와 가까운 곳에 만들어 양육자들의 일상과 겹치도록 하는 섬세한 접근도 인상적이었다.

겨울의 토요일이라 어린이들을 길에서 많이 보진 못했지만 도시 곳곳에서 어린이들이 놀다 남긴 흔적을 볼 수 있었다. 분필 낙서와 공놀이로 벗겨진 바닥 포장, 움푹 패인 모래 공간, 밥을 먹거나 추위를 피해서 들른 동네 식당과 카페에서도 어린이의 흔적을 볼 수 있었다. 어김없이 한쪽 구석에는 어린이들의 그림이 담긴 스케치북과 몽당연필이 되어버린 크레파스가 있었다. 이렇게 앤트워프에서 어린이는 존중받는 시민이었고, 고객이었다. 그리고 도시는 어린이의 것이었다.

벨기에 앤트워프의 어린이들이 머물 수 있고, 놀 수 있고, 만남이 일어날 수 있는 공공공간

초등학교 정문 앞 광장의 분수

카페 옆에 자리한 근린공원의 유아놀이터

공놀이 공간

광장에 조성된 놀이터

고가 하부의 공공놀이터

고가 하부의 음악놀이터

어린이들의 사용을 고려한 볼라드 겸 벤치, 건너기 시설로 작용할 수 있는 구형 구조물

아프리카에서 온 청소년이 디자인한 교회 앞 농구장

스웨덴 스톡홀름의 어린이가 결재하는 통합아동영향평가

평상시에는 인식하지 못하다가 유모차를 끌거나 어린이의 손을 잡고 도시에 나가보면 도시가 어린이들에게 얼마나 호의적이지 않은지 알게 된다. 빠른 도시의 속도, 자동차, 온갖 장애물에 온 신경을 써야 한다. 함께 시간을 보낼 곳도 마땅치 않다. 근본적으로 도시는 어른 중심이다. 도시 정책의 의사 결정 과정에서 어린이를 고려한다고 하지만 한계가 있다. 일본의 어린이 동화 작가 안도 미쓰마사는 어른이 키를 낮추어 어린이의 눈높이에서 세상을 본다고 해서, 어린이의 시선으로 세상을 볼 수 있는 건 아니라고 했다.[12] 어린이의 시선이 필요하다.

스웨덴 스톡홀름의 통합아동영향평가Integrated Child Impact Assessment를 소개하는 문서의 다이어그램은 어린이가 대변하는 관점a children's perspective과 어린이 자신이 진술하는 어린이 관점perspective of

---

12 安野光雅(2018), かんがえる子ども, 황진희 역, 『스스로 생각하는 아이』, 한림출판사, 2019.

the child이 모두 필요함을 직관적으로 보여준다. 통합아동영향평가는 새로운 도시개발이 어린이의 삶에 미치는 영향을 평가하는 것으로 우리나라의 교통영향평가, 환경영향평가처럼 의무사항으로 피해 갈 수 없다. 이 평가에서 어린이는 중요 의사결정자다. 초기 단계의 조사부터 계획에 대한 평가까지 전 과정에 걸쳐 참여한다. 평가 항목은 환경과 건강, 주택과 일상, 생활 안전과 접근성 세 가지다.

어른이 말하는
아동의 관점

A Children's
Perspective

어린이 관점

Perspective
of a Child

**통합아동영향평가를 소개하는
다이어그램.**
어른들이 어린이가 보는 세상을
대신 말해줄 수 있지만,
어린이가 직접 말할 수 있도록 해야 한다.

환경과 건강

- 소음, 조명, 대기 질 측면에서 학교의 배치는 최선인가?
- 소음, 조명, 대기 질 측면에서 어린이 놀이공간의 배치는 최선인가?
- 학교와 유치원의 야외 공간은 건강한 생활 방식에 도움이 되도록 설계 되었는가?
- 어린이놀이터 및 기타 장소는 건강한 생활 방식에 도움이 되도록 설계 되었는가?

주택과 일상

- 이 지역의 주택 유형은 무엇인가? 다양성을 줄 수 있는 다른 유형의 건물도 있는가?
- 유치원과 학교에 쉽게 접근할 수 있는가?
- 개인의 상황과 관계없이 스포츠 시설과 놀이공간에 쉽게 접근 가능한가?
- 어린이와 청소년이 개인의 상황과 관계없이 예술과 문화를 경험할 수 있는 장소가 있는가?
- 어린이를 위한 장소는 다기능이며 개인 상황과 관계없이 창의성 증진을 위한 다양한 콘텐츠를 제공하는가?
- 물리적 환경은 무관심과 괴롭힘으로 인한 위험을 줄일 수 있도록 설계되었는가?

생활 안전과 접근성

- 어린이 놀이공간으로 가장 적합한 장소의 교통 여건은 어떠한가?
- 학교에서 300m 반경 내에 학교를 오가는 안전한 경로가 있는가?
- 학교 옆에 보행자 구역이나 차량이 없는 구역이 있는가?
- 주 도로와 보조 도로를 따라 어린이 놀이공간을 오갈 수 있는 안전한 경로가 있는가?
- 대중교통의 정차 공간은 어린이의 이동 동선을 고려해서 정해졌는가?

이 평가 질문에서 '어린이의 상황과 상관없이'라는 표현이 크게 와닿는다. 어린이들은 장애, 경제적 조건, 가족의 특성과 상관없이 혜택을 받아야 한다는 의미가 포함되어 있기 때문이다. 또 학교와 집과의 거리를 초등학교 저학년 어린이들이 집중력을 잃지 않고 걸을 수 있는 거리인 300m로 설정한 것도 좋고 학교뿐만 아니라 놀이공간에 갈 수 있는 경로 평가도 마음에 든다. 무관심과 괴롭힘 같은 사회적 주제를 물리적 환경과 연결하는 시도는 많은 생각거리를 던져준다.

2019년 겨울, 통합아동영향평가를 담당하는 공무원과 이 평가가 최초로 적용되는 지역Skärholmsdalen의 개발 계획을 수립하고 있는 전문가 그룹을 함께 만났다. 이 개발 계획은 2022년을 준공 시점으로 잡고 있다. 최초의 적용인 만큼 이들의 의욕은 높았고 세계 최초로 도시개발과 아동영향평가를 결합했다는 자부심도 컸다. 결과에 대한 기대감도 높았다. 이 과감한 시도의 배경을 물었더니 스톡홀름처럼 밀도가 높은 도시에서 어떻게 어린이 친화 도시를 구현할 수 있을지 고민하면서 시작했다고 한다. 1960~70년대에 개발된 곳이 많은 스톡홀름은 사회적 안전을 중심 가치로 두고 조성되어 녹지 체계며, 자전거도로, 보행로 등의 도시 구조는 잘 구성되어 있고 안전하다. 그러나 걷고 싶은 도시인지에 대한 의구심은 지속해서 있었다고 한다. 또 스포츠센터나 문화시설을 수치상으로 늘리는 문제와 더불어 어린이들의 일상과 어떻게 잘 융합시킬 것인지에 대한 고민도 컸다고 한다. 공급자 입장이 아닌 수용자 입장으로의 전환이다.

아직 우리나라에서 도시 정책과 관련된 의사결정의 주요 변수는 물리적 양, 대외 경쟁력, 경제, 속도, 효율이기 쉽다. 그리고 중요 의사결정자는 양복 입은 40대 이상의 남성들이다. 이들이 중심이 되는 회의에서 어린이 관점의 도시계획을 이야기했다가는 안일하다는 시선을 온몸으로 받기 쉽다. 또 어린이에게 의견을 물어보자고 제안을 하면, 시간적 지체와 경비를 생각해보라는 핀잔을 들을 수 있다. 스톡홀름의 담당 공무원과 전문가들이 자부심을 느낄만하다. 도시계획에 아동영향평가를 도입한 건 스톡홀름이 세계 최초지만 UN아동권리위원회의 제안에 따라 특정 정책이 어린이의 삶에 미치는 영향을 평가하는 아동영향평가는 이미 전 세계적으로 시행되고 있다. 우리나라에서도 시작했다. 2016년 아동복지법에 아동정책영향평가 규정에 관한 내용을 넣었고, 2020년에는 법정계획인 아동정책기본계획(2020~2024)에 아동 관련 정책에 아동정책영향평가를 전면적으로 실시할 것을 명시했다. 이 결과 많은 지방정부가 어린이 관련 정책에 적용하려는 노력을 기울이고 있다. 우리도 스톡홀름처럼 도시 관리 정책에도 적용되기를 기대해본다.

어린이들을 의사 결정에 참여시키는 건 말처럼 쉽지 않다. 회의실에 의자 하나를 더 둔다고 해결될 일은 아니다. 의자 높이도, 책상의 높이도 달라져야 한다. 또 어린이들이 위화감을 느끼지 않도록 회의실의 인테리어도 바꿔야 한다. 용어도 어린이들이 이해하기 쉬운 용어로 바꿔야 하고 질문도 어린이들의 경험을 고려해서 만들어야 한다. 무엇보다 어린이들의 대답을 해석할 수 있는 능력도 갖추어야 한다. 준비할 게 많지만, 준비를 시작해야 한다. 그래야 달라질 수 있다.

어린이들이 포착한 도시의 모습.
어린이들에게 일회용 카메라를 주고 자신이 만나는 세상을 찍도록 하면, 전혀 예기치 못한 장면을 포착해낸다.

동네별
놀이터 계획이
필요해요

몇 년 전 서울시 성북구의 한 놀이터를 디자인하면서 우리가 디자인해
야 할 놀이터뿐만 아니라 동네의 다른 놀이터의 이용 현황도 궁금해 '우
리 동네 놀이터 알기'라는 주제로 초등학교 4, 5학년 어린이들과 이야기
를 나누는 시간을 가졌다. 공공놀이터, 아파트단지 내 놀이터가 표시된
큰 지도를 쫙 펴놓고 어린이들에게 동네 어느 놀이터를 주로 가는지, 주
로 가는 이유는 무엇인지, 놀이터별로 놀이는 다른지, 각각의 놀이터를
어떻게 인식하고 있는지 물었다. 처음엔 어린이들과 소통이 잘되지 않았
다. 어린이들이 "저는 코뿔소 놀이터가 좋아요"라고 하는데 그 놀이터가
어느 놀이터인지 알 수 없었다. 어린이들은 공식 이름과는 상관없이 조합
놀이대의 모양이 코뿔소 형태 같아서 그렇게 부르고 있었다. 어떤 놀이터
는 '도깨비 놀이터'로 불리고 있었는데, 놀이터 안내판에 그려진 서울시
로고인 해태가 어린이들 눈에는 도깨비처럼 보여서였다. 또 어떤 놀이터
는 동네의 다른 놀이터에 비해 작아서 '작은 놀이터'로 불리고 있었다. 어

린이들과 놀이터를 하나하나 짚어가며 함께 이름을 확인한 후에야 다음 진도를 나갈 수 있었다.

어른들은 알 수 없는 방식으로 동네 놀이터에 이름을 붙이고 특성도 샅샅이 파악하고 있는 어린이들이 놀이터를 찾는 방식은 어른들과 크게 다르지 않았다. 어른들이 날씨와 기분 그리고 위치 같은 변수를 고려해 수다 떨며 차 마실 카페나 퇴근 후 한잔할 수 있는 곳을 찾듯이 어린이들도 자신들만의 기준을 가지고 놀이터를 선택하고 있었다. 또 어른들이 카페나 술집에서 어떤 메뉴를 어떻게 즐겨야 즐거움이 배가되는지 아는 것처럼 어린이들도 각각의 놀이터에서 어떻게 놀아야 원하는 궁극의 효과를 얻을 수 있는지 알고 있었다. 어린이들은 일정이 바쁜 날은 시시한 놀이터라도 학교 근처나 집 근처 놀이터에서 놀고, 시간적 여유가 있는 날은 걷는 품을 좀 팔더라도 시설물이 크고 넓은 놀이터로 원정을 가고 있었다. 어린이들은 이런 놀이터를 "10분 걸어갈 만해요"라고 평했다. 어린이들 자신이 가진 시간이라는 자원을 기꺼이 쓸 수 있을 만큼 가치 있다는 말이다. 어떤 놀이터는 그네가 많지만, 바닥이 모래라 신발에 모래가 들어가기 때문에 놀다가 학원을 가야 하는 일정일 때는 가지 않는다고 했다. 또 넓게 비어있는 놀이터는 놀이터 자체는 재미없지만, 공놀이를 할 수 있어 주말에만 공놀이 공간으로 이용한다고 했다. 벌집 모양의 놀이시설이 있는 놀이터는 숨바꼭질하기에 적당하다고 했고, 경사진 길이 있는 놀이터는 겨울에 눈썰매를 탈 수 있어 좋다고 했다. 벽에 가스레인지, 냉장고, 싱크대 같은 주방 시설이 그려진 놀이터는 동생들이 소꿉놀이하기에 좋지만, 자신들한테는 시시해 잘 놀지 않는다고 했다. 반대로 고학년 언니들이 많이 모이는 놀이터는 웬만하면 피한다고도 했다.

이 워크숍 이후, 어린이의 생활 속에서 그리고 동네 단위로 놀이터를 봐야 한다는 자각이 들었고 외국은 어떻게 접근하고 있는지 살펴보았다. 영국에서는 나이별 어린이들의 이동 및 놀이 특성을 반영하여 동네에 기본적으로 갖추어야 할 놀이터를 세 가지로 제시하고 있다.[13]

· LAPLocal Areas for Play - 6세 이하 어린이를 위한 놀이터. 집에서 걸어서 1분 거리 내에 위치해야 함. 최소 면적은 $100m^2$

· LEAPLocal Equipped Areas - 모든 어린이를 대상으로 하지만 특히 혼자 놀 수 있는 11세 이하 어린이를 위한 놀이터. 집에서 걸어서 5분 거리 내에 위치해야 함. 최소 면적은 $400m^2$

· NEAPNeighbourhood Equipped Areas for Play - 모든 어린이를 대상으로 하지만 특히 독립 이동이 자유로운 12세 이상 어린이를 위한 놀이터. 집에서 걸어서 15분 거리 내에 위치해야 함. 최소 면적은 $1,000m^2$이며 면적에는 공놀이 공간이 포함됨

주 이용 대상으로 삼는 어린이의 나이대, 필요한 면적, 집에서부터의 거리 등에서 조금씩 차이가 있지만, 네덜란드, 독일, 스웨덴도 영국과 유사한 방식으로 나이별로 놀이디를 구분해 만들고 있다. 독일 베를린은 세 가지에 더해 공놀이 공간을 별도로 구분하고 있고 특별 놀이터로 체육 구장과 물놀이, 스케이트장, 자연 놀이공간을 두고 있다.[14] 유아부터 청소년들까지 나이별 생활 특성에 맞게 동네 단위로 놀이 환경을 제공해야

한다는 기조가 전제된 것이다.

위의 나라들은 유형을 염두에 두고 도시에 놀이터를 배치하고 디자인해왔지만, 우리나라는 그렇지 않으니 이 기준을 그대로 따를 수는 없다. 하지만 참조하여 우리나라의 동네 놀이 환경이 갖추어야 할 몇 가지 조건을 제안해볼 수 있다.

· 유아들은 혼자서 돌아다니지 못하고 보호자가 유모차에 태우거나 손을 잡고 방문해야 하는 수고가 필요하므로 모든 놀이터에는 유아들을 위한 공간을 둔다.
· 초등학교 저학년생들은 보호자 없이 다니지만 보통 학교나 학원같이 정해진 목적지만 다니고 멀리까지 놀이터를 찾아가지는 않으므로 학교나 학원, 어린이도서관 주변 놀이터에서는 저학년생들의 놀이 특성을 고려한다.
· 보통 4학년 이상의 어린이들은 방학이나 주말같이 시간이 많을 때는 자전거를 타거나 걸어서 멀리 있는 놀이터까지 찾아가므로 이들이 신나게 중력을 거스르며 뛰어놀 수 있는 커다란 놀이터를 동네에 하나씩 둔다.
· 어린이들이 걸어서 갈 수 있는 거리 내에 공놀이할 수 있는 곳도 필요하다. 그런데 하나만 있으면 고학년 차지가 되기 쉬우므로 다양한 크

---

13 Fields in Trust(2015), *Guidance for Outdoor Sport and Play Beyond the Six Acre Standard*, National Playing Fields Association.

14 Land Berlin(2016), *Bezirk PANKOW Fortschreibung der bezirklichen Spielplatzplanung Maßnahmenkonzept für die Planungsräume*.

성동구 소월아트홀 광장의 공놀이 공간.
동네에는 어린이들이 공놀이를 할 수 있는 공간도 꼭 있어야 한다.

기로 여러 개 둔다.

· 동네에는 자연 속에서 놀 수 있는 놀이터도 반듯이 있어야 하고 자전
  거나 킥보드를 타고 질주할 수 있는 공간이 있다면 금상첨화다. 물론
  여름철에 신나게 물놀이를 할 수 있는 곳도, 무작정 뛰고 뒹굴 수 있
  는 넓은 잔디밭도 필요하다.

동네에 다양한 형태의 놀이터를 갖추기 어렵다면 잠깐이라도 도시 공간
을 비우고 어린이들에게 돌려주면 좋겠다. 양천구의 산지형 공원인 갈산
공원과 아파트단지 사이에 있는 도로는 주말이면 차량 이동이 금지된다.
덕분에 어린이들은 주말마다 신나게 이 도로를 질주하고 있다. 눈치 볼
필요 없이 자전거 페달을 밟아도 되는 수진이의 표정은 기록을 경신하겠

주말마다 나타나는 자전거도로.
양천구 갈산공원과 아파트 사이의 도로는 주말이면 차량 이동이 금지된다.
어린이들은 자전거를 타고 신나게 질주한다.

다는 승부욕으로 가득 차 있다. 서울 중구 약수동의 한 건물 앞 주차장
은 차가 모두 빠져나가는 저녁과 주말에는 어김없이 상수 형제의 공놀이
공간이 되고 있다.

　어린이들의 생활을 담는 놀이 환경을 만들기 위해서는 포괄적이고
체계적인 계획이 필요하다. 영국의 오킹엄 자치구Wokingham borough는
'Play Space Design Guide'[15]라는 이름으로 어린이 놀이환경을 어떻
게 바라보고 만들어나갈지를 담은 보고서를 내고 있다. 이 보고서는 오
킹엄은 놀이를 통해 자신을 표현하고 자기 결정 기회를 얻는 어린이를 위
해 놀이권과 놀이의 역할을 강력히 지지한다는 입장 표명으로 시작한다.

---

15 Woiingham Bough Council(2018), *Play Space Design Guide: Technical Note.*

목적은 어린이가 '놀 수 있는 모든 공간의 질적 향상'인데, 놀이공간에는 놀이가 목적인 놀이터뿐만 아니라 길이나 광장처럼 본래의 목적은 놀이가 아니지만 놀이를 할 수 있는 공간도 포함된다. 본론에는 놀이터 디자인의 중요성, 놀이터의 종류, 청소년들을 위해 제공해야 하는 놀이 환경, 위험-이득 평가, 유지관리 내용, 디자인 원칙 등이 담겨 있다.

오킹엄 자치구만 체계적인 놀이 환경 계획을 세우고 있는 건 아니다. 많은 세계의 국가와 지방정부는 자신들의 철학이 담긴 계획을 세우고 있다. 우리도 동네 단위의, 구 단위의, 시 단위의, 국가 단위의 놀이 환경 계획이 필요하다. 현재는 중앙정부, 지방정부 모두 어린이들의 놀이환경은 커녕 놀이터를 바라보는 시선도 제대로 정립되어 있지 않고 놀이터 조성의 비전과 목적이 담긴 큰 그림도 마련되어 있지 않다. 현장에서 그때그때 필요에 따라 개별적으로 놀이터를 만들고 개선하고 있을 뿐이다. 놀이터는 어린이들이 당당한 시민으로서 누려야 하는 공간인데, 제대로 대우받고 있지 못하다. "어린이들한테 투표권이 없어서일까?"라고 빈정거려 본다.

놀이길,
가까운 미래이길

어린이 교통을 오랫동안 연구해온 피아 뵤크리드Pia Björklid 스톡홀름 대학교 명예교수는 "어린이들은 움직임이 놀이이고 놀이가 움직임이다"[16]라고 말한다. 맞다. 어린이가 바로 앞에 있는 모든 것들에 집중해 탐구하고 온 몸으로 확인하는 과정은 그 자체로 놀이가 된다. 길가에 삐죽이 고개를 내밀고 있는 풀을 손으로 만져봐야 하고 바닥을 기는 벌레의 움직임도 따라가 봐야 한다. 바닥의 포장 패턴에 맞추어 갈지자로 걸으며 제나름의 리듬도 만든다. 건물 위쪽이 튀어나와 있으면 고개 숙여 그 아래로 통과하며 동굴놀이를 한다. 도로와 인도 사이의 경계석은 균형 잡기 놀기에 아주 적당해 스스럼없이 올라가 모험을 즐긴다. 인도와 건널목 사이에 세워놓은 볼라드에 오르고 뛰어내려, 보는 사람을 아찔하게도 한다.

---

16 2020년 5월 27일 저자가 소속된 조경작업소 울은 피아 뵤크리드 교수를 초청해 온라인으로 '유럽에서의 어린이의 독립 이동'에 대한 강의를 진행했고, 이 글에 수록된 피아 뵤크리드의 발언은 이 강연에서 인용되었다. 강의 내용은 조경 분야의 온라인 신문인 e-환경과조경 뉴스에 실렸다. www.lak.co.kr

어린이들의 손을 놓기 어려운 어른들의 도시.
언제쯤 움직임 자체가 놀이인 어린이가 도시를 당당하게 거닐 수 있을까?

    어른들은 이런 어린이들에게 끊임없이 주의를 주고 채근한다. "만지지
마", "똑바로 걸어", "앞을 봐", "거기는 위험해", "길로 다녀", "거기 올라
가면 안 돼", "한쪽으로 걸어". 그리고 교육한다. 운전자가 키 작은 어린이

를 인지할 수 있도록 건널목을 건널 때 손을 드는 건 어린이가 갖추어야 할 기본예절이고 건널목에서 좌우를 살펴야 착한 어린이다. 도로의 교통 상황을 그대로 흉내 낸 교통공원이라는 곳에서는 체험을 통한 교통 안전 교육을 받는다.

아무리 주의해야 한다고 경고하고 교육을 해도 어린이들은 자주 위험 상황에 처한다. 서울의 옥수역 일대는 상가도 많고 역 주변으로 마을버스 정류장도 있어 자동차와 사람이 뒤섞여 항상 복잡하다. 자전거 전용 도로가 있는 한강으로 연결되는 나들목도 있어 자전거를 타는 사람도 많다. 어느 날은 혼잡한 상황을 뚫고 앞으로 나갈 기회만을 엿보던 자동차 앞을 갑자기 어린이가 탄 자전거가 가로막았다. 운전자는 놀랐는지 창문을 확 내리고는 어린이에게 격하게 화를 냈다. 어린이도 운전자만큼이나 혹은 더 놀랐을 것이고 실제 사고가 나더라도 직접적 피해를 받는 이는 어린이일 텐데 오히려 화를 받는 대상이 되었다. 운전자에게 어린이는 스스로 위험을 자초하는 미숙한 존재였다.

어린이를 향한 이런 태도는 민식이법 시행 이후 생겨난 '민식이법 놀이'라는 이상한 말에도 녹아있다. 2020년 3월 25일부터 시행된 이른바 '민식이법'으로 어린이보호구역 규제가 한층 강화되었다. 어린이보호구역 내 신호등과 과속 단속 카메라 설치 등은 의무화되었고, 어린이보호구역 내 안전운전 의무 부주의로 사망이나 상해사고가 나면 가해자를 가중처벌할 수 있도록 했다. 민식이법 놀이는 어린이들이 민식이법을 악용해 어린이보호구역에서 천천히 달리는 자동차를 따라다닌다거나 차 앞을 갑자기 가로막는다거나 새벽에 씽씽이를 타며 논다고 해서 어른들이 붙인 이름이다. 민식이법 놀이를 다루는 기사 아래에는 '왜 우리한테 그래, 위험을 만드는 어린이들을 단속해' 같은 불만이 그대로 나타나거나 심지어 어린이 혐오에 가까운 댓글이 달렸다.

그들에게 피아 뵤크리드의 말을 더 전하고 싶다. 그녀는 어린이들에게 어른들의 도시에 맞추어 살라고 가르칠 것이 아니라 도시를 어린이들에게 맞게 바꾸어야 한다고 말한다. 또 배워야 할 존재는 어린이가 아니라 어른으로, 어린이가 어떤 실수를 잘 일으키는지 알아야 한다며, 배워야 할 내용을 세세히 전해준다.

- 어린이는 모든 교통 상황에 대처할 수 있을 만큼 성숙하지 않기 때문에 교통 상황에 대해 올바르게 대응하도록 교육하는 것이 불가능하다.
- 어린이의 시각 능력은 10대 때까지 완전히 발달하지 않기 때문에 어린이들은 걸으면서 주위를 돌아보는 것이 불가능하고, 한 방향으로 뛰어가면서 반대 방향을 주의하는 것은 더더욱 어렵다.
- 청각 기능도 완전히 발달하지 않아서 어린이들은 한 곳에서 오는 차를 보고도 반대쪽에서 경적을 울리며 달려오는 차 앞으로 뛰어나갈 수 있다.
- 어린이는 자신의 감정에 치우쳐서 주의가 산만해지기 쉽다. 갑자기 길 반대편에 있는 친구에게 달려갈 수도 있다.
- 같은 어린이라도 어느 날에는 교통안전을 유의하는 태도를 보이고 다른 날에는 겁 없는 도로 이용자가 될 수 있다.

어린이는 그런 존재다. '어린이가 갑자기 도로로 튀어나와서 생기는 교통사고'는 어른의 관점이다. 몇몇 어린이가 항상 자신들이 조심해야 했던 도시에서 자신들에게 주의를 기울여주는 민식이법 상황이 새롭고 신기해서 그런 장난을 쳤을지도 모른다. 그러나 어린이가 자동차를 조심하는 게 아니라 자동차가 어린이를 조심해야 하는 상황이 당연해지는 날이 온다면 더는 호기심을 갖지 않을 것이고 호기심에서 비롯된 위험한 행동도 하지 않을 것이다. 피아 뵤크리드는 어린이들은 사고나 사고에 가까운 경험을 하게 되면 자신들의 잘못이 아닌데도 불구하고 '내 탓'이라고 생각한다고 한다. 어른들도 어린이를 탓할 게 아니라 자신을 돌아보자.

움직임 자체가 놀이인 어린이가 자신의 기질대로 도시를 당당하게 확보할 수 있도록 하기 위해서는 안전을 넘어 파격적 변화가 필요하다. 네덜란드 로테르담 시는 도로 양쪽 보도 중 햇빛이 잘 드는 보도에 최소 3m를 확보한 후 바닥놀이 그림이나 놀이기구, 휴식시설을 설치하여 '놀이 보도'를 만들도록 하고 있다.[17] 독일 헤세Hesse의 도시 그리스하임Griesheim에서는 2008년 'Bespielbare Stadt(Play-able City; 놀 수 있는 도시)' 구현을 결정했다. 시작 단계에서 시장도 참여한 'Play Street Time' 워크숍과 설문조사로 어린이들의 주요 등하교 경로를 찾아냈고 이를 놀이 길로 만들었다. 작은 녹지공간에는 수목 사이를 헤집고 다닐 수 있도록 징검목을 두거나 모험을 즐길 수 있도록 바위를 놓고 인도에는 간단한 놀이기구를 설치하거나 바닥놀이를 유도하는 그림을 그렸다. 휴식공

---

17 Gemeente Rotterdam(2009), *Bouwstenen voor een kindvriendelijk Rotterdam*.

간도 곳곳에 만들었다.[18]

우리에게도 학교 주변을, 어린이보호구역을 넘어 어린이놀이구역으로 지정할 날이 올 수 있을까? 너무 먼 미래일까? 가까운 미래가 될 수 있도록 빌러비 마을 어린이들의 일침과 각오를 들어보자.

라세 오빠가 말했어요.

"애들아, 길가에 돌이 많이 깔렸지? 지금부터는 돌만 밟고 가기."

이건 우리가 즐겨 하는 놀이였어요. 만약 땅을 밟으면 그 사람은 죽는 거예요. (중략) 우리가 울타리 위를 폴짝폴짝 뛰어가고 있는데, 라세 오빠가 말했어요.

"그런데 말이야. 꼭 길로만 다녀야 한다고 정해 놓은 사람이 대체 누굴까?"

그러자 브리타 언니가 "틀림없이 어딘가에 사는 어른이 생각해 냈을 거야"라고 말했어요. 라세 오빠도 맞장구를 쳤죠.

"그래. 맞아."

울타리 위를 아무리 걷고 또 걸어도, 우리는 싫증이 나지 않았어요. 오히려 재미있기만 한 걸요. 나는 "앞으로 다시는 길로 다니지 않을 거야"라고 다짐했어요.[19]

---

18 그리스하임(Griesheim)의 웹사이트, 2022년 3월 9일, www.griesheim.de
19 Astrid Lindgren(1965), *The Six Bullerby Children*, 『떠들썩한 마을의 아이들』, 햇살과 나무꾼 역, 논장, 2013.

이게 바로
우리가 원하는
도시야

코로나19가 모든 욕구와 바람을 덮기 직전인 2019년 말과 2020년 초 분당, 일산, 동탄, 위례 네 개 신도시의 초등학교, 중학교, 고등학교에 다니는 어린이들에게 원하는 도시를 주관식으로 물었다. 총 천여 명이 답을 해주었다.[20] 계획된 도시라 다른 도시에 비해 교통도 체계적이고 놀이터나 공원, 녹지공간, 문화시설도 적지 않은데 어린이들의 답에서 가장 많이 등장하는 단어는 안전과 놀이였다. 물리적 환경으로만 본다면 납득이 잘 안 되는 답이다. 부족한 놀이 시간, 학습에 대한 부담, 어른들의 놀이에 대한 인식 부족, 유흥시설과 가까이 있는 학원, 거리를 메우고 있는 주차 차량, 운전자들의 부주의한 태도, 어린이들을 존중하지 않는 사회적 분위기 등등 총체적으로 현황을 봐야 답의 진의를 파악할 수 있다. 다른 곳에서 물으면 어떤 답이 나올까? 학교에 소속되지 않은 어린이들이

---

20 이 조사도 한국토지주택공사가 발주한 '아동 놀이 행태를 고려한 도시공간 조성방안 연구'(2020) 수행 과정 중에 이루어졌다.

바라는 도시는 또 다를 것이다. 궁금하다. 앞으로 나와 당신이 해 나가야 할 일이다.

어린이들이 쓴 답을 하나하나 읽으면서 소리 내 크게 웃기도 하고 눈물을 찔끔거리기도 했다. 날카로운 비판의 말에는 움찔했다. 그리고 많이 미안했다. 많은 이들과 공유하고 싶어 몇 개를 뽑아 어린이들의 표현 그대로 정리해본다. 어린이들의 발언 뒤에 마무리 글을 쓰려 했지만 어떠한 것도 적절하지 못했다. 군더더기였다. 어른의 추상적 언어가 아니라 어린이들의 목소리가 생생하게 담긴 구체적 발언이 이 글의, 이 책의 마지막이 되는 게 맞는 것 같다.

초등학생
학업이 인생을 차지하지 않는 도시
어른들이 아이들의 의견을 잘 들어주는 도시
배울 곳도 많고 놀 곳도 많은 도시
피시방에 가지 않아도 스트레스를 풀 수 있는 놀이터가 많은 도시
어린이 인권이 보장되는 도시
어른의 보호를 받지 않아도 되는 안전한 도시
시골 같은 도시
사람들 눈에 잘 보이는 도시
자전거를 마음껏 탈 수 있는 넓은 공간이 있는 도시
불법주차 단속 CCTV가 잘 되어 있는 도시
차의 속도가 없는 도시

넓은 공원과 축구장이 있는 도시

차 사고가 많이 안 나고, 낯선 사람이 안 따라오는 도시

놀이터가 많고 학원이 별로 없는 도시

모두가 화목한 도시

무단횡단을 하거나 친구를 때리지 않고 질서를 지키는 도시

중학생

청소년의 예민함을 수용해주고 타협하려 노력하는 도시

다양한 나이대의 목소리를 들어주는 도시

청소년의 말을 무시하지 않는 도시

청소년을 조금 더 조심스럽게 대하는 도시

청소년에 대한 편견이 없는 도시

눈치 보지 않고 편하게 쉴 수 있는 도시

학원 적게 다니는 도시

청소년센터가 풍부한 도시

주중에 공부 등으로 받은 스트레스를 풀 수 있는 도시

돈을 많이 안 쓰고 즐겁게 놀 수 있는 도시

물가가 싼 도시

코인노래방, 떡볶이 가게 많은 도시

조경이 좋은 도시

평화로운 도시

고등학생

착하고 친절한 어른이 많은 도시

공부 걱정 없는 도시

청소년 복지가 잘되어 있는 도시

학원이 많지 않은 도시

통학할 때 안전하고 유흥시설이 적은 도시

간섭 안 받는 도시

친구들끼리 편안히 지낼 수 있는 공간이 마련되어 있는 도시

교통비 적은 도시

수행평가 없는 도시

자연환경과 인문환경이 잘 조화를 이룬 도시

청소년이란 이유로 눈치 안 보고 살 수 있는 도시

어디에서든 공놀이할 장소가 있는 도시

공부와 운동의 균형을 맞출 수 있는 도시

청소년의 시기에 맞게 청소년이 더 잘 성장할 수 있는 도시

착하고 친절한 어른들이 많은 도시

우리의 일상.
어린이가 어떠한 거리낌도 없이 도시를 질주할 수 있는 날을 기다리며

놀이

놀이, 그 자체로 충분한 단어
020쪽: 김연금
놀이를 위한 단 세 가지의 조건
023쪽: 초록우산어린이재단 부산종합사회복지관
024쪽: 김연금
꼬리에 꼬리를 무는 놀이 방해꾼들
030쪽: 김연금
스스로 구르는 놀이 사이클
036쪽: 기아미
놀이의 종류, 무한대로 확산하여라
038쪽: 김연금
041쪽: www.playscotland.org
MBTI로 보는 놀이, 놀이로 보는 MBTI
049쪽: 김연금

놀이터

반전이 필요한 놀이터의 역사
054쪽: ⓒSeattle Municipal Archives / via
Wikimedia Commons (https://commons.
wikimedia.org/wiki/File:Seattle_-_
Broadway_Playfield,_circa_1910.gif)
056쪽: ⓒ Nels Olsen/ flickr (CC BY 2.0,
https://www.flickr.com/photos/7776581@
N04/4298082203)
정크놀이터·모험놀이터·플레이파크, 어린이들
을 믿어봐
059쪽: 김연금
064쪽: 김연금
미워만 할 수 없는 공공의 적 3S
067쪽(상): https://www.dailymail.co.uk/news/
article-2130923/Historians-discover-
worlds-childrens-slide-built-90-years-
ago-plank-wood.html
067쪽(중): ⓒCamille Gévaudan / via Wikimedia
Commons (https://commons.wikimedia.
org/w/index.php?search=Archaeological+M
useum+swing&title=Special:MediaSearch&
go=Go&type=image)
067쪽(하): https://www.dailymail.co.uk/news/
article-2321189/Is-worlds-playground-
swing-Newly-discovered-photographs-
children-fun-days-health-safety.html
조합놀이대의 아버지 조경가 폴 프리드버그
071쪽: 김연금
074쪽: 김도연
075쪽: www.pinterest.ru/amp/
pin/297096906646461837/

· Aldo van Eyck, Vincent Ligtelijn, Francis Strauven.(2008), *The Child, the City, and the Artist*, Amsterdam: Sun Publishers.

· Ashley Godfrey Associates(2009), Play indicators evaluation report, London: Play England.

· Australian Institute of Architects(2018), *Where do the Children Play? Designing Child-Friendly Compact Cities*.

· Bundy, A. C.(1997), Play and playfulness: What to look for, L. D. Parham & L. S. Fazio (Eds), *Play in occupational therapy for children*, St. Louis, MO: Mosby-Year Book Inc.,

· Coninck-Smith, Ning De(1999), *Natural Play in natural Surroundings Urban Childhood and Playground Planning in Denmark, c. 1930-1950*, Department of Contemporary Cultural Studies The University of Southern Denmark.

· Debra J. Pepler and Hildy S. Ross(1981), The Effects of Play on Convergent and Divergent Problem Solving, *Child Development 52(4)*, Wiley on behalf of the Society for Research in Child Development, pp.1202-1210.

· Else, Perry(2009), *The Value of Play*, London: Bloomsbury Academic.

· Fields in Trust(2015), *Guidance for Outdoor Sport and Play Beyond the Six Acre Standard*, National Playing Fields Association.

· Frost, J. L.(1989), Play environments for young children in the USA: 1800-1990, *Children's Environments Quarterly 6(4)*, pp.17-24.

· Gemeente Rotterdam(2009), *Bouwstenen voor een kindvriendelijk Rotterdam*.

· Gill, Tim(2007), *No Fear: Growing up in a risk averse society*, Calouste Gulbenkian Foundation.

· Hart, Roger. A.(1997), *Children's Participation: The Theory and Practice of Involving Young Citizens in Community Development and Environmental Care*, London: Routledge.

· Kyttä, Marketta(2003), *Children in Outdoor Contexts*, Ph. D. Dissertation, Helsinki University of Technology, Espoo.

· Land Berlin(2016), *Bezirk PANKOW Fortschreibung der bezirklichen Spielplatzplanung Maßnahmenkonzept für die Planungsräume*.

· Nebelong, Helle(2004), *Nature's playground*, Green Places 28th May, 2004.

· P. King and S. Newstead(2020), Re-defining the Play Cycle: An empirical study of playworkers' understanding of playwork theory, *Journal of Early Childhood Research 18(1)*, pp.99-111.

· Pascoe, Carla(2017), A History of Playspace, Katherine Masiulanis, Elizabeth Cummins, eds., *How to Grow a Playspace: Development and Design*, New York: Routledge, pp.13-20.

· Paul Friedberg(1970), *Play & Interplay: A Manifesto for New Design in Urban Recreational Environment*, London: The Macmillan Co., Collier-Macmillan Ltd., p.45.

· Playground and Recreation Association of America(1915), A brief history of the playground association of America, *The Playground. 9(1)*, pp.2-11, 39-45.

· Solomon, S. G.(2005), *American Playgrounds: Revitalizing Community Space*, NH: University Press of New England.

· Tzonis, Alexander and Lefauvre, Liane(1999), *Aldo van Eyck: Humanist Rebel*, Rotterdam: 010 Publishers

· U.S Access Board(2005), *Accessible Play Area: A Summary of Accessibility Guidelines for Play Areas*.

· Withagen, Rob and Caljouw, Simone R.(2017), *Aldo van Eyck's Playgrounds: Aesthetics, Affordances, and Creativity*, Frontiers in Psychology 8.

· Wokingham Borough Council(2018), *Play Space Design Guide: Technical Note*.

· 아스트리드 린드그렌(1965), 햇살과나무꾼 역, 『떠들썩한 마을의 아이들』, 논장, 2013.

· 안노 미쓰마사(2018), 황진희 역, 『스스로 생각하는 아이』, 한림출판사, 2019.

· 유니세프 한국위원회와 한국아동권리학회, 『한국 아동의 놀이권리 증진 방안 연구』, 2014.

· 필립 아리에스(1973), 문지영 역, 『아동의 탄생』, 새물결, 2003.

· 한국토지주택공사, 『아동 놀이 행태를 고려한 도시 공간 조성방안 연구』, 2020.

· 헤더 몽고메리(2009), 정연우 역, 『유년기 인류학』, 연암서가, 2015, p.40.

· https://archives.lib.umn.edu
· https://landscapearchitecturemagazine.org
· https://londonadventureplaygrounds.org.uk
· https://onsamsterdam.nl
· https://onsamsterdam.nl
· https://planforplay.centralparknyc.org
· https://playeverything.wordpress.com
· https://playpark.jp
· https://story.pxd.co.kr
· www.cabinetmagazine.org
· www.childinthecity.org
· www.dwell.com
· www.freeplaynetwork.org.uk
· www.griesheim.de
· www.lak.co.kr
· www.nuso.nl
· www.parool.nl
· www.pfh-berlin.de
· www.pgpedia.com
· www.play-scapes.com
· www.tclf.org